EN FLANANT

A TRAVERS LA FRANCE

DE

BRETAGNE

EN

SAINTONGE

PAR

ANDRÉ HALLAYS

KERJEAN — MADAME DE SÉVIGNÉ EN BRETAGNE
LE « PETIT LYRÉ » DE JOACHIM DU BELLAY — SERRANT
FONTENAY-LE-COMTE — LUÇON — LA ROCHELLE
BROUAGE — SAINTES — LA ROCHE-COURBON

Librairie académique PERRIN et Cie

IL A ÉTÉ IMPRIMÉ

Douze exemplaires numérotés sur papier de Hollande Van Gelder.

*à Maurice Barrès
son ami
André Hallay*

EN FLÂNANT

A TRAVERS LA FRANCE

DE BRETAGNE
EN SAINTONGE

DU MÊME AUTEUR

En Flânant. **A Travers l'Exposition de 1900.** Un volume in-16 .... 3 fr. 50

En Flânant. **A Travers la France.** Touraine. — Velay. — Normandie. — Bourgogne. — Provence. — Un volume in-16 (*Épuisé*) .... 3 fr. 50

Le Pèlerinage de Port-Royal, ouvrage orné de 31 gravures, 5ᵉ édition. Un volume in-8º écu .... 5 fr. »
Relié .... 9 fr. »

En Flânant. **A Travers l'Alsace**, ouvrage orné de 36 gravures, 4ᵉ édition. Un volume in-8º écu .... 5 fr. »
Relié .... 10 fr. »

En Flânant. A TRAVERS LA FRANCE. **Autour de Paris.** Maintenon. — La Ferté-Milon. — Meaux et Germigny. — Sainte-Radegonde. — Senlis. — Juilly. — Maisons. — La Vallée de l'Oise. — Gallardon. — De Mantes à la Roche-Guyon. — Soissons. — Les Jardins de Betz. — Chantilly. — Wideville. — Livry. — Ouvrage orné de 32 gravures, 2ᵉ édition. Un volume in-8º écu.. 5 fr. »
Relié .... 9 fr. »

En Flânant. A TRAVERS LA FRANCE. **Provence.** Grignan. — La descente du Rhône et Orange. — Arles. — Aix. — Montrieux et Valbelle. — Brignoles et la Celle. — Le Thoronet. — Lérins. — Fréjus. — Grasse. — Vence. — Vallée de la Durance. — Fontaine-l'Evêque et Riez. — Digne. — Ouvrage orné de 28 gravures, 3ᵉ édition. Un volume in-8º écu .... 5 fr. »
Relié .... 10 fr. »

En Flânant. A TRAVERS LA FRANCE. **Touraine, Anjou et Maine.** Blois. — Pèlerinages balzaciens. — Azay-le-Rideau. — Loches. — Valençay. — Chinon. — Richelieu. — Fontevrault. — Oiron. — Montreuil-Bellay. — Asnières. — Val du Loir. — Laval. — Forêt de Bercé. — Solesmes. — Ouvrage orné de 30 gravures. 2ᵉ édit. Un vol. in-8º écu .... 5 fr. »
Relié .... 10 fr. »

En Flânant. A TRAVERS LA FRANCE. **Paris.** Les Miramionnes. — Auteuil au XVIIᵉ siècle. — Notre-Dame de Paris sous Louis XIV. Les Visitandines du Faubourg Saint-Jacques. — L'hôtel de Biron. — Les logis de Mademoiselle Clairon. — La maison où Voltaire est mort. — La tombe de Madame de Talleyrand. — Les logis de Victor Hugo à Paris. — Un volume in-8º écu, orné de 31 gravures .... 5 fr. »
Relié .... 10 fr. »

En Préparation :

En Flânant. A TRAVERS LA FRANCE.
Autour de Paris (2ᵉ série). — **Languedoc.** — **Bourgogne.** — **Lorraine.** — **Normandie.** — **Auvergne. Velay. Bourbonnais.**

Beaumarchais. Un volume in-16 (*Collection des Grands Écrivains*), Hachette et Cⁱᵉ.
En Flânant. Un volume in-8º (*Société d'Edition Artistique*).
Nancy (*Collection des Villes d'Art*). Laurens, éditeur.
Avignon (*Collection des Villes d'Art*). Laurens, éditeur.

CHATEAU DE KERJEAN

EN FLÂNANT

A TRAVERS LA FRANCE

DE

BRETAGNE

EN

SAINTONGE

PAR

ANDRÉ HALLAYS

KERJEAN. — MADAME DE SÉVIGNÉ EN BRETAGNE.
LE « PETIT LYRÉ » DE JOACHIM DU BELLAY. — SERRANT.
FONTENAY-LE-COMTE. — LUÇON. — LA ROCHELLE.
BROUAGE. — SAINTES. — LA ROCHE-COURBON.

PARIS
LIBRAIRIE ACADÉMIQUE
PERRIN ET Cie, LIBRAIRES-ÉDITEURS
35, QUAI DES GRANDS-AUGUSTINS, 35
1914
Tous droits de reproduction et de traduction réservés
pour tous pays.

Copyright by Perrin et C¹ᵉ, 1914.

BRETAGNE

I

LE CHATEAU DE KERJEAN

28 juillet 1911.

Le château de Kerjean que l'État français vient d'acquérir, est situé dans le Léon, de tous les pays bretons le dernier venu à la civilisation et pourtant le plus riche en monuments et en œuvres d'art. Le plus modeste des hameaux y possède une église pittoresque ; les calvaires monumentaux et les ossuaires de la Renaissance y sont nombreux ; de toutes parts, à l'imitation du prodigieux clocher du Creizker de Saint-Pol, s'élancent des flèches plus humbles, mais d'une surprenante diversité, les unes formant des pyramides pleines et effilées, les autres ajourées, dentelées, portant de petits balcons de pierre, pareilles à des tours de pagodes. Derrière les hêtraies touffues, au bord de petits étangs, des châteaux et des manoirs cachent leurs tours plus ou moins ruinées, leurs défenses plus ou moins délabrées, mais ces rudes architectures de granit trahissent par de touchantes recherches d'élégance le rêve de beauté que la Bretagne n'a jamais réalisé.

Sur cette terre à qui la nature prodigue ses prestiges, douceur de la lumière, finesse des nuances, pureté des lignes, l'art se réduit presque toujours à de grossières bâtisses et à des imageries caricaturales. L'ombre d'un nuage qui passe, la coiffe d'une femme en prière suffisent à embellir ces pauvretés, à les rendre inoubliables ; mais, l'enchantement rompu, quelle lourdeur ! Or, si l'on parcourt le Léon, on découvre tout de suite que, édifices et sculptures y offrent quelque chose de moins fruste, de moins barbare. Les Léonards ne sont point, dit-on, de la même race que leurs voisins. De tempérament plus sauvage et plus aventureux, auraient-ils, par contre, une sensibilité plus vive, un œil plus délicat ? Ou bien furent-ils, tout simplement, plus dociles aux conseils des artistes étrangers ?

*
* *

A deux lieues de la mer, dans une campagne aux longues ondulations, quelques bouquets d'arbres, débris d'un grand bois, signalent le château de Kerjean[1]. On s'y rend du village le

---

1. 13 kilomètres de Landivisiau.

plus proche, Saint-Vougay, par des chemins creux bordés d'ajoncs. Le silence de cette grande solitude n'est troublé que par les hennissements des chevaux qui galopent en liberté sur les routes.

Une longue et sombre avenue s'enfonce sous les hêtres et débouche sur une vaste prairie environnée d'ombrages où apparaît un énorme et mystérieux château. De hautes constructions de granit, coiffées d'ardoises, se dressent, massives et grises, enfermées dans une première fortification. Des lierres et des ronces revêtent ces murailles ; des arbres ont poussé dans le fossé ; mais sous le manteau de verdure on aperçoit les défenses à demi-ruinées. Au premier coup d'œil, la vue de cette forteresse abandonnée évoque des contes féeriques et mystérieux ; on dirait le château enchanté où un cruel magicien emprisonna d'innocentes princesses ; puis le magicien est mort ; puis les princesses sont mortes sans avoir pu briser le sortilège, et personne n'est plus entré dans les cours désertes... Et j'ai vu Kerjean par une éclatante après-midi de juillet ! Quel spectacle tragique, lorsque par un soir d'hiver la couleur des nuées se confond avec celle des toitures, et que, sous la rafale venue du large, les hêtres entrent en bataille !

Rien n'effacera cette impression de drame et de tristesse. La première enceinte passée, on rencontre un second mur : un portique triomphal surmonte une porte pour les équipages et une poterne pour les piétons ; des pilastres doriques encadrent ces deux entrées ; au-dessus de la corniche s'élèvent trois arcades ajourées et ornées de colonnettes ; la plus grande supporte un fronton triangulaire du plus beau style, les deux autres sont couronnées de volutes. On a remarqué avec raison que, par son dessin, ce portique rappelle celui du château d'Anet. Il le rappelle — ayons la franchise de l'avouer — comme une caricature. Ce n'est la faute ni de l'architecte ni du sculpteur, mais celle du granit breton qui refusa de se laisser tailler par les artistes de la Renaissance ; il est trop triste pour s'accommoder à tant de joie, trop dur pour exprimer tant de délicatesse : regardez le mur sur lequel se dressent les pilastres antiques, ce mur farouche, percé de menaçantes meurtrières. Partout ailleurs, le style nouveau fit son apparition au moment où les conditions de la vie devenaient plus faciles et plus douces ; il fut l'ornement de la maison de luxe et de plaisance ; il ne convenait pas à un réduit de guerre... ou de brigandage, comme Kerjean ; car, maintenant que nous sommes dans la place, le fantôme du magicien s'est évanoui, et l'image qui nous hante, est celle d'un petit potentat orgueilleux et batailleur.

Au-dessus du mur s'étend une vaste terrasse que terminent les deux pavillons des ailes du château, l'un contenant la chapelle, l'autre les archives. Chaque pavillon a son campanile d'une structure passablement compliquée, mais qui — de loin, de très loin — amuse par son pittoresque imprévu : c'est là le charme particulier et fugitif de tous les monuments bretons ; leur fantaisie séduit un instant le regard ; si l'on s'y arrête, on est vite déçu par le désordre de la composition et les maladresses de l'exécution. Les façades qui entourent la cour d'honneur de Kerjean, sont peut-être l'œuvre la moins imparfaite de cette Renaissance bretonne ; mais, pour la goûter, il faut d'abord chasser de son esprit le souvenir de tous les châteaux de la Renaissance tourangelle ou de la Renaissance normande.

Dans un des angles de la cour, un petit dôme porté par trois colonnes corinthiennes et surmonté d'un lanternon, abrite un vieux puits. Cet édicule est un chef-d'œuvre de grâce, le dessin en est d'une parfaite élégance ; mais qu'elles manquent de souplesse, les feuilles des petits chapiteaux corinthiens !

Le grand corps de logis qui ferme la cour vers le Nord, présentait une sorte de haut donjon carré, relié par deux constructions basses à de lourds pavillons d'angle. Ici encore on a justement souligné la ressemblance du plan avec celui d'Anet; mais la sévère nudité des façades, la pauvreté des sculptures qui ornent les lucarnes et les cheminées, la lourdeur du porche surélevé qui donne accès au pavillon central, accusent le caractère provincial, un peu barbare, de la construction.

Tous les bâtiments élevés à droite du donjon furent consumés par le feu au xviie siècle, et n'ont jamais été reconstruits. L'indestructible façade est restée debout avec ses ouvertures béantes au travers desquelles apparaissent les arbres et le ciel, et ce morceau de ruine ajoute encore de la tristesse au triste Kerjean.

A l'intérieur, on voit de grandes salles nues dont les seuls ornements sont quelques cheminées monumentales, mais dépourvues de sculpture. Pour rendre les appartements habitables, les maîtres de Kerjean, au xixe siècle, ont couvert les murailles de lambris, de papiers ou de toiles. On fera sans doute, un jour, disparaître ces boiseries et ces tentures sans caractère, et dessous on retrouvera des parois de granit, sans autre décor. Le château est une grande caserne vide.

Par les fenêtres étroites, le regard embrasse d'immenses horizons, les campagnes à peine vallonnées du Léon, de longues grèves sablonneuses, la mer lointaine.

Entre les bâtiments du château et le mur d'enceinte s'étend un jardin très inculte, où quelques buis taillés sont les seuls vestiges des dessins d'autrefois. Un parc immense percé de larges allées continuait jadis ce jardin vers le Nord. On y avait, dit-on, reproduit par le plan des avenues celui des constructions : un magnifique couvert de marronniers simulait la galerie d'entrée, des allées de châtaigniers figuraient les ailes ; au delà c'était un labyrinthe ; puis un bois régulièrement planté ombrageait les rives d'un étang. Naturellement la tradition attribuait cet ouvrage à Le Nôtre. Quel est le vieux parc français qui n'a pas été dessiné par Le Nôtre ?

Les marronniers, les hêtres et les châtaigniers ont été depuis longtemps abattus. L'étang est abandonné, et des magnifiques jardins de Kerjean il ne reste qu'une petite fontaine bâtie sur la rive de l'étang, une de ces fontaines si touchantes, si mystérieuses et qui sont comme les sanctuaires des vieilles divinités de la Bretagne.

*
* *

Un architecte breton, M. Chaussepied, a publié une intéressante étude sur le château de Kerjean, il en a même tenté une restitution graphique qui fut exposée et récompensée au Salon, il y a deux ans. Il a dû renoncer à dater, d'après le style des constructions et du décor, chaque partie de l'édifice. « Par l'ensemble des dispositions, dit-il, ainsi que par l'ordonnance de son architecture et l'arrangement de son ornementatian, Kerjean appartient bien à la fin de la Renaissance, c'est-à-dire à la seconde moitié du XVIe siècle. Cependant une grande unité ne règne pas sur toute cette vaste construction ; si le style Henri II et Charles IX se remarque dès l'entrée, nous trouvons des parties se rapprochant plutôt du règne de Henri IV, tandis que le corps de logis, exécuté en dernier lieu, est devenu presque Louis XIII. Mais ces mélanges des types se rassemblent d'une façon si heureuse, si insensible qu'ils ne détruisent pas l'harmonie dans tout cet édifice. »

On trouve en effet à Kerjean des échantillons de tous les styles qui furent en vogue pendant près d'un siècle, et il est d'autant plus malaisé de se reconnaître au milleu de cette diversité qu'on est ici au fond de la Bretagne, et que les modes nouvelles devaient y pénétrer lentement. De ces retards singuliers qui tenaient à l'éloignement et aux mœurs de la province, on peut voir un bien curieux exemple, tout près de Kerjean, à Kergornadec'h. Ce dernier château, maintenant à demi écroulé, est la traditionnelle forteresse féodale, le quadrilatère régulier flanqué de quatre grosses tours rondes ; or, il fut commencé seulement en 1630. Il serait donc imprudent de vouloir deviner l'âge d'une architecture bretonne d'après les données que fournit l'étude des édifices de l'Anjou ou de l'Ile-de-France. Quant à cette sorte d'unité que constate M. Chaussepied et que personne ne contestera, tient-elle à une heureuse combinaison des styles ? Ne serait-ce pas plutôt qu'à Kerjean on s'est beaucoup moins soucié de style que de sécurité ? C'est un château fort que ses constructeurs ont voulu — par vanité — conforme au goût de leur temps. Ce qui prima tout dans leur esprit, c'est ce qui frappe aujourd'hui notre regard et notre imagination. Kerjean est un repaire sûr et bien défendu, voilà le secret de l'impression d'unité que nous ressentons à sa vue. Puis le granit uniformise tout, le granit dans lequel tous les motifs de sculpture, qu'ils soient du temps des Valois ou du temps de Louis XIII, prennent la même apparence de rusticité. Concluez de tout cela que l'archéologue le plus avisé sera fort en peine pour établir l'histoire de la construction de Kerjean.

La chronique du château viendra-t-elle à son aide ?

Malheureusement cette chronique est encore à écrire, et ce que l'on peut glaner çà et là dans les historiens bretons qui se sont occupés de Kerjean n'offre aucune certitude. Ils nous font entrevoir de belles aventures, de curieuses figures, mais ils ont accueilli des traditions qu'il faudrait vérifier, et mêlé la légende à l'histoire.

A la place où se dresse le grand château du xvi° siècle, il y eut, au xv°, un modeste manoir appartenant à une famille Ollivier sur laquelle nous ne savons rien qu'un joli conte. Un sire de Kerjean avait épousé Marguerite de Landivisiau, dont la vertu surpassait encore la beauté. Il fit un voyage à la Cour où on le railla de n'avoir point conduit sa femme ; on le traita de jaloux. « Je ne le suis point, dit-il, et ne puis l'être. Je suis assuré de la vertu de ma dame. » Les moqueries redoublèrent, et les courtisans proposèrent à ce Breton présomptueux un défi qu'il accepta. Un des galants s'en fut à Kerjean avec une lettre du mari qui lui assurait bon accueil, et se mit en demeure de séduire la dame. Celle-ci reçut son hôte avec la plus grande courtoisie, mais, bientôt lasse de ses poursuites, elle le fit tomber par une trappe au fond d'une oubliette. Afin qu'il ne s'ennuyât pas dans sa fosse, elle lui jeta force étoupes pour qu'il en composât le tissu d'une nouvelle étoffe qu'elle avait inventée. Cependant ses amis de Paris ne le voyant pas revenir s'imaginèrent que le galant avait gagné la partie. Pour s'en assurer, l'un d'eux partit pour la Bretagne. Le second fit comme le premier et tomba dans l'oubliette. D'autres vinrent à leur tour se faire prendre au piège : il y eut bientôt un atelier dans les souterrains de Kerjean. Le mari, quand il rentra dans son château, trouva tous ces excellents ouvriers occupés à fabriquer des *ballins*. Ainsi fut fondée à Kerjean l'industrie des *balliniers*, qui plus tard se répandit dans toute la Bretagne [1].

On ignore comment Kerjean passa des Ollivier aux Barbier, mais l'on sait qu'en 1530, il appartenait à Jean Barbier de la maison de Larnanuz. Ce seigneur, mécontent de sa maison, voulut s'en construire une autre plus vaste et plus belle, et fit dresser des plans et des devis. La mort le surprit avant qu'il n'eût rien commencé. Il laissait un frère et un fils. Le frère, chanoine de Nantes, de Cornouailles et de Léon, était pourvu de tant de bénéfices que, quand il mourut, le Pape demanda si tous les abbés de Bretagne étaient morts le même jour. Ce fut lui qui ordonna et dirigea la construction du nouveau château, celui que nous avons sous les yeux. Son dessein était de donner du travail aux ouvriers de sa province, alors réduits au chômage et à la misère. « Ce fut ainsi, dit un ancien aveu, que les seigneurs Barbier, semblables à ces géants qui bâtirent la tour de Babel, firent

---

[1]. Cette tradition est rapportée dans une notice de M. de Kerdanet (1834) sur le château de Kerjean. Cette notice est la source unique où ont puisé tous les historiens de Kerjean. Je ne puis que les imiter.

élever ce grand château. » Il mourut sans avoir terminé les bâtiments que les seigneurs de Kerjean continuèrent jusqu'au milieu du xviie siècle. Ceux-là étaient de puissants personnages qui, pendant les guerres civiles et les guerres religieuses, paraissent avoir été fidèles au roi de France, mais s'être largement fait payer, en toute occasion, le prix de leur fidélité. Ce fut ainsi qu'en 1638, René de Kerjean obtint de Louis XIII que sa terre fût érigée en marquisat. Dans ses lettres patentes, le roi déclarait que « le chasteau de Querjean estoit de si belle et si magnifique structure qu'il estoit digne de son recueil et séjour, si ses affaires l'appeloient en Bretagne, estant l'une des belles maisons du royaume ».

Les Barbier de Kerjean s'éteignirent à la fin du xviie siècle. Nous devinons plutôt que nous ne connaissons leur histoire, et il est à souhaiter qu'un jour quelqu'un nous en fasse le récit exact et sûr. Nous saurons ainsi les diverses phases de la construction du château; puis nul décor ne vaut Kerjean pour encadrer les portraits des derniers survivants de la Bretagne féodale, bientôt séduits, domestiqués et détruits par la vie de cour, comme toute la noblesse de France.

Aux Barbier succédèrent les Coatanscours. La dernière du nom, Suzanne-Augustine, veuve de

Louis-François-Gilles de Kersauson de Brézal, occupait le château lorsqu'éclata la Révolution. De tous les personnages qui furent les maîtres de Kerjean, celui-là est, à n'en pas douter, le plus intéressant.

Veuve et sans enfants, Mme de Coatanscours s'enferma dans Kerjean, elle fit armer les remparts, garnir les tours de couleuvrines, et ressuscita tous les rites de la vie féodale : chaque soir, une fois les ponts-levis relevés, elle se faisait apporter les clefs des portes et les plaçait à son chevet. De nombreuses anecdotes plus ou moins certaines la représentent comme intraitable sur ses privilèges, hautaine avec ses voisins, impitoyable pour les gens du commun. Mais il semble aussi qu'elle avait l'esprit cultivé et élégant, de la générosité et une grande douceur envers les pauvres. Kératry l'a mise en scène dans un roman historique que j'avoue n'avoir pas lu, *le Dernier des Beaumanoir*. Lorsque tant de traditions et de légendes se forment autour d'un personnage, il advient souvent qu'elles ne résistent pas à une critique sérieuse; mais l'imagination populaire sait choisir ses héros, et l'histoire trouve presque toujours son compte à suivre ses indications. C'est pourquoi j'aurais voulu connaître la figure de cette terrible châtelaine.

Comme celle-ci fut condamnée à Brest par le

tribunal révolutionnaire et guillotinée, je pensai que peut-être le dossier de son procès m'apporterait sur elle quelques renseignements moins sujets à caution que les romanesques inventions du romanesque Kératry. Ce dossier est aux Archives nationales, les juges de Brest ayant été mis eux-mêmes en accusation quelques mois plus tard. J'ai donc feuilleté la liasse relative à Mme de Coatanscours et à sa sœur, Mme Launay, qui habitait Saint-Pol-de-Léon : ces deux dames furent incarcérées ensemble et traduites en même temps devant le tribunal. Et je n'ai rien trouvé... sinon un des plus effroyables exemples de ce que fut en Bretagne la justice révolutionnaire. Aucune trace d'interrogatoire; l'acte d'accusation ; quelques pièces à l'appui. Ces pièces, sont des lettres non signées et saisies chez les accusées : elles émanent de royalistes, peut-être d'émigrés, renferment cette expression : « Notre pauvre roi », contiennent quelques vagues doléances sur les tristesses du temps présent, et le récit de l'incendie d'une voiture allumé par le peuple dans une rue de Paris. L'accusateur public constata que ceux qui reçoivent de pareilles lettres sont aussi coupables que ceux qui les écrivent... et ce fut tout. Les deux femmes furent exécutées le 27 juin 1794.

J'indique donc aux fureteurs que le dossier du tribunal de Brest ne leur apprendra rien sur la dernière des châtelaines de Kerjean. Cela n'est point pour les décourager d'autres recherches ; bien au contraire, car je suis persuadé que de la chronique de Kerjean le dernier chapitre sera le plus captivant.

* * *

Aussitôt que le château de Kerjean fut acheté par l'État, se posa l'inévitable question : « Que va-t-on en faire ? » comme s'il ne suffisait pas d'avoir sauvé de la ruine un des monuments les plus curieux et les plus pittoresques de la Bretagne.

Il fut d'abord question d'y établir un musée. Mais ce n'est pas tout de décider la création d'un musée, encore faut-il savoir ce qu'on y mettra. Tout justement on vient d'installer dans l'ancien évêché de Quimper un musée d'archéologie bretonne qui contient quelques pièces précieuses, mais dont les salles ne seront pas de sitôt remplies. Mieux vaut continuer l'entreprise si bien commencée à Quimper.

Il y a peu de temps, M. Dujardin-Beaumetz est allé en Bretagne pour distribuer quelques décorations et faire figure de ministre dans des fêtes populaires. On l'a conduit voir Kerjean, et d'immenses discours furent prononcés dans un village des environs, où se donnait un banquet politique. M. Dujardin-Beaumetz a juré qu'il ferait de Kerjean « un autel patriotique élevé à la gloire et à la mémoire de la Bretagne ancienne et moderne ! » Très bien ! Que l'on s'en tienne à cette formule lumineuse, que l'on nomme, si l'on veut, un conservateur de l' « autel », et qu'on laisse le château dans l'état où il se trouve : pas de musée, pas de restaurations ; quelques travaux d'entretien... et une généreuse subvention du Ministère de l'Instruction publique pour le bon érudit qui écrira l'histoire de Kerjean.

HOTEL DE VILLE DE RENNES

Monument de Louis XV détruit par la Révolution.

II

LE MONUMENT DE LA RÉUNION DE LA BRETAGNE A LA FRANCE

23 septembre 1911.

Depuis quelques années, on a élevé sur les places publiques beaucoup de monuments allégoriques destinés à évoquer le souvenir de la réunion des anciennes provinces à la France. C'est une idée qu'on ne saurait blâmer, si ennemi qu'on soit de la statuomanie. La plupart de ces monuments sont d'une laideur effrayante, mais il faut s'en prendre à la médiocrité des sculpteurs qui les ont exécutés ou bien au mauvais goût des municipalités qui en ont choisi la place. Il n'en est pas moins louable de mettre sous nos yeux des images qui rappellent à chacun de nous l'heure où sa petite patrie s'est fondue dans la France. Si, par surcroît, cette représentation est une belle œuvre d'art, si elle ajoute quelque chose au décor d'une vieille cité, tant mieux, car elle n'en parlera que plus fortement à l'imagination populaire ; mais son premier mérite devra être de respecter l'histoire et de ne blesser ni le sentiment provincial, ni le sentiment national.

C'est ce mérite-là qui fait défaut au monument que l'on doit inaugurer, à Rennes, dans quelques jours, pour célébrer la réunion du duché de Bretagne au royaume de France. Le talent de l'artiste qui en est l'auteur, n'est pas en cause. D'ailleurs, on ne pourra juger son ouvrage que quand il sera dégagé des palissades qui l'emprisonnent. Mais que son allégorie soit un mensonge historique, cruel pour l'amour-propre des Bretons, tout le monde peut, dès maintenant, s'en apercevoir.

*
* *

Ce monument s'élève sur la façade de l'hôtel de ville de Rennes, au pied de la tour de l'horloge, dans une niche qui, au xviiie siècle, abrita une statue de Louis XV en bronze. La Bretagne y est représentée sous les traits de la reine Anne ; elle fléchit le genou devant la France, comme pour lui rendre hommage. C'est cette attitude qui a révolté les bons « celtisants ». Ceux-ci me semblent avoir raison.

La Bretagne fut longue à se donner à la France. Il ne fallut pas moins de quarante années et de trois mariages pour consommer la réunion, et encore la Bretagne ne fut-elle pas tout à fait incorporée au royaume ; elle conserva une sorte d'autonomie qui n'appartenait à aucune autre province.

Selon le mot d'un historien, la duchesse Anne fut « une détestable Française et une excellente bretonne ». La pensée de toute sa vie fut de sauver l'indépendance de son duché.

Elle a dix ans, lorsque devant les États de Bretagne, son père, le duc François II, lui fait jurer de ne jamais se marier sans le consentement des États et de ne point permettre l'assujettissement de la Bretagne. Six ans plus tard, mal soutenue par ses alliés, elle doit, après la capitulation de Rennes, accepter d'épouser Charles VIII. Les contemporains s'attendrissent sur le mariage du jeune roi et de la petite duchesse ; mais si l'amour a quelque part dans l'idylle, la politique n'y perd pas ses droits : tous les privilèges de la province sont maintenus, et les impôts ne seront levés qu'avec le consentement des États. D'ailleurs, Anne attend sa revanche. Aussitôt que Charles VIII est mort, elle rentre en Bretagne, reprend son titre, son pouvoir et frappe monnaie. Elle épouse Louis XII, après le divorce de celui-ci avec Jeanne de France ; mais c'est à Nantes que le mariage est célébré. Anne est reconnue « vraye duchesse », et, encore une fois, tous les droits de la Bretagne sont garantis ; l'héritage du duché est réglé de telle sorte que, après la mort du Roi, le duché restera séparé du royaume ; il est même stipulé que la noblesse bretonne ne servira hors des limites du pays qu'en cas d'absolue nécessité. La reine de France conserve sa garde bretonne, sa cour composée de Bretons et le maréchal de Gié paie de sa tête l'opposition qu'il a faite à un voyage de la reine en Bretagne, pendant une maladie du Roi. Elle ne peut empêcher le mariage de sa fille Claude avec le duc d'Angoulême, mais elle fait insérer dans le contrat cette clause que, si elle a un fils, ce sera lui l'héritier du duché.

Après sa mort le duché revient à Claude, et l'année suivante, le duc d'Angoulême, devenu roi de France, se fait céder les droits de sa femme. Mais on n'ose pas encore toucher à l'indépendance de la Bretagne. L'annexion ne devient définitive que dix-sept ans plus tard. Et, alors, le chancelier Duprat doit user de toute son habileté pour ménager les susceptibilités des Bretons et faire entendre aux États que « la réunion est le seul moyen d'obtenir une paix durable ». Jusqu'à la Révolution la Bretagne garde « ses privilèges ».

Découvre-t-on dans toute cette histoire rien qui justifie l'humble posture dans laquelle la

HOTEL DE VILLE DE RENNES

Monument de la réunion de la Bretagne à la France.

reine Anne apparaîtra aux yeux des Bretons sur la place de l'Hôtel de Ville de Rennes ?

*
* *

On a bien fait de choisir cette noble et charmante figure pour représenter la Bretagne d'autrefois. C'est une parfaite allégorie des traditions et des légendes du pays d'Armor. Les poètes bretons auxquels elle témoigna tant de faveur, ont célébré sa beauté, son goût, sa magnificence. Elle est l'héroïne d'un grand nombre de chansons. Dans la Haute et la Basse-Bretagne, des édifices qu'elle n'a pas construits, qu'elle n'a peut-être jamais habités, n'en portent pas moins son nom. A Dinan, la vieille forteresse qui renferme aujourd'hui le musée, s'appelle le donjon de la duchesse Anne, bien qu'il date du XIVe siècle. Les gens de Morlaix ont nommé maison de la duchesse Anne le plus joli de leurs vieux logis. A Nantes, l'ancien château des ducs de Bretagne est pour tout le monde le château de la duchesse Anne. Et c'est justement parce que le souvenir de la « bonne duchesse » est toujours populaire en Bretagne, qu'il fallait se garder de la montrer comme une humble vassale aux pieds de la France.

Pourquoi blesser des Français dans leur orgueil provincial ? Pourquoi contrecarrer la tentative que font aujourd'hui tant de braves gens de rendre à leur province le sens de son histoire, la fierté de ses traditions?

On peut ne point partager toutes les idées des régionalistes, juger que leurs projets de décentralisation politique et administrative sont prématurés. Les événements qui se sont passés naguère en Languedoc, et ceux qui viennent de se passer en Champagne, ont prouvé que le moment n'était pas venu d'affaiblir les pouvoirs de l'État. A desserrer les liens du faisceau, l'on risque aujourd'hui de voir tout se désagréger. Quarante années de paix ont fait perdre à trop de Français le sentiment de leurs intérêts communs, car c'est le sang versé sur les champs de bataille qui cimente l'édifice national, et — heureuse ou malheureuse — une guerre a toujours pour effet de fortifier l'unité, on l'a bien vu en Savoie, où nos désastres de 1870 ont suffi à abolir les dernières velléités de séparatisme... Mais, lorsque les régionalistes se contentent de vouloir recréer un esprit provincial, rendre à la France sa belle et bienfaisante diversité, libérer les villes et la campagne de l'absurde domination de Paris, ils accomplissent une tâche utile, patriotique ; en effet, selon le mot de M. Henri Lavedan, l'esprit de clocher est « l'école primaire du patriotisme ».

Ils sont nombreux, les ouvriers de cette bonne

entreprise. Dans une étude très complète sur le régionalisme, M. Charles Brun en a fait le dénombrement. Laissons les politiciens et les faiseurs de lois : pour le moment, leur intervention n'irait pas sans péril. Nous ne croyons guère à la vertu de certaines manifestations, dites régionalistes, tels que ces cortèges et ces mascarades où l'on affuble des figurants de costumes pittoresques ou historiques : ce sont là d'inutiles parodies. On peut sourire aussi des « tentatives de décentralisation artistique » qui consistent le plus souvent à faire représenter en plein air, par quelques élèves du Conservatoire, des tragédies dont l'Odéon n'a pas voulu. Les vrais agents du régionalisme, ce sont les syndicats agricoles, les associations qui protègent les industries rurales, les sociétés savantes, les petites académies littéraires ou scientifiques, les groupements d'archéologues. Tous travaillent à développer la vie économique et intellectuelle de leur pays. A certains symptômes on croit s'apercevoir qu'en ces dernières années, ils n'ont pas tout à fait perdu leur peine.

Malheureusement, autour d'eux, la multitude distingue mal la fin et l'utilité de leurs efforts. Qui s'en étonnerait? Depuis plus d'un siècle, les Jacobins, Napoléon, tous les gouvernements successifs, y compris la troisième République, ont constamment travaillé à l'uniformité de la

France. Aussi longtemps que chaque Français ignorera tout du passé de sa province natale, le régionalisme restera pour les uns une belle chimère, pour les autres un simple article de programme électoral.

*
* *

Cet enseignement de l'histoire provinciale est donné dans certaines Universités ; mais il n'a pénétré ni dans les collèges, ni dans les écoles primaires. Il y a quelques années, un ministre bien intentionné fit faire des manuels où les écoliers pouvaient apprendre l'histoire... de leur département !

Actuellement, un petit Breton apprend — parmi les grands faits de l'histoire de France — que Charles VIII a épousé Anne de Bretagne, et c'est tout ce qu'il saura jamais de l'histoire de sa province. Or, voici qu'on élève sur une place de Rennes un monument qui doit commémorer la réunion de la Bretagne à la France. Et par une insigne maladresse on le compose de telle manière qu'il donnera au petit Breton l'idée la plus fausse de l'événement qui a fait de lui un petit Français.

Cela n'empêchera pas M. Steeg, ou un autre ministre, de célébrer devant ce monument les beautés du régionalisme et les bienfaits de la décentralisation !

CHARLES DE SÉVIGNÉ

D'après le portrait de Sébastien Bourdon conservé aux Rochers.

III

MADAME DE SÉVIGNÉ EN BRETAGNE

Octobre 1911 et juin 1912.

Sur la place du bourg de Grignan, au pied du rocher qui porte les terrasses et les ruines du château des Adhémar, une statue en bronze de Mme de Sévigné surmonte la fontaine où les chevaux viennent s'abreuver. Ce monument était, je crois, le seul qui, jusqu'à présent, rappelât en France le souvenir de Mme de Sévigné. Dans quelques jours, une autre statue sera inaugurée dans le jardin public de Vitré. On médite d'en élever une troisième non loin de l'abbaye de Livry. La Bourgogne, terre natale des Rabutin-Chantal, voudra sans doute suivre un si bel exemple... Et l'on ne parlera plus de notre ingratitude à l'égard de nos grands écrivains.

On a souvent conté les séjours de la marquise dans son château des Rochers, tracé les portraits de ses amis de Bretagne, rapporté ses opinions sur les mœurs bretonnes et sur la grande sédition de 1675. Je ne prétends pas ajouter ici de l'inédit au récit des historiens de la province et de Mme de Sévigné. Je voudrais seulement mettre à profit quelques promenades que je fis en Haute et Basse Bretagne, après avoir relu une partie des lettres de la marquise. J'ai visité ses terres et même celles de ses amies ; j'ai regardé les paysages qu'elle eut sous les yeux ; puis j'ai consulté les auteurs qui ont conté la chronique de la Bretagne au XVIIe siècle. Mais, soyez tranquille, j'userai sobrement de mes notes de voyage et de lecture ; je laisserai très souvent la parole à Mme de Sévigné.

Si quelqu'un a le malheur de regretter ces abondantes citations, prions pour lui, ainsi que Mme de Sévigné elle-même priait pour les esprits « durs et farouches », insensibles au charme de La Fontaine : « Cette porte, disait-elle, leur est fermée et la mienne aussi. Nulle puissance humaine n'est capable de les éclairer... Je ne m'en dédis point : il n'y a qu'à prier Dieu pour un tel homme et qu'à souhaiter de n'avoir point de commerce avec lui. » A ne rien cacher, dans ce passage elle met sur la même ligne les ballets de Benserade et les fables de La Fontaine, ce qui ne laisserait pas d'étonner, si l'on ne savait que l'aimable Benserade avait, vingt ans auparavant, rimé les plus jolis madrigaux à la gloire de Mlle de Sévigné, lorsqu'elle dansait à la cour dans *les Amours déguisés* et dans *la Naissance de Vénus*.

I. — LES TERRES DES SÉVIGNÉ EN BRETAGNE

« Quatorze contrats de mariage de père en fils ; trois cent cinquante ans de chevalerie ; les pères quelquefois considérables dans les guerres de Bretagne, et bien marqués dans l'histoire ; quelquefois retirés chez eux comme des Bretons ; quelquefois de grands biens, quelquefois de médiocres ; mais toujours de bonnes et de grandes alliances. Celles de trois cent cinquante ans, au bout desquels on ne voit que des noms de baptême, sont de Quelnec, Montmorency, Baraton et Chateaugiron. Ces noms sont grands ; ces femmes avaient pour maris des Rohan et des Clisson. Depuis ces quatre, ce sont des Guesclin, des Coëtquen, des Rosmadec, des Clindon, des Sévigné de leur même maison ; des du Bellay, des Rieux, des Bodegat, des Plessis Ireul et d'autres... » Tels étaient, d'après Mme de Sévigné, les titres nobiliaires de la maison à laquelle appartenait Henri de Sévigné. Marie de Chantal se trouvait donc apparentée à la meilleure et à la plus vieille noblesse de Bretagne.

Tout de suite après leur mariage, les époux étaient venus habiter leur terre des Rochers. Ils y firent ensemble de longs séjours pendant les premières années. Ensuite la marquise y revint seule ; le marquis demeurait à Paris occupé à tromper et ruiner sa femme. Celle-ci l'aimait tendrement, et lorsque le chevalier d'Albert eut d'un coup d'épée envoyé Sévigné dans l'autre monde, la jeune veuve parut inconsolable. Ce fut aux Rochers qu'elle alla cacher ses larmes.

Depuis elle y retourna maintes fois. Jamais elle n'y a senti d'autre chagrin que celui dont elle souffrait en tout lieu, l'éloignement de sa fille. La rudesse bretonne offensait la délicatesse de son goût, la tristesse du ciel mettait sa bonne humeur bourguignonne à de terribles épreuves, l'humidité du climat réveillait ses rhumatismes ; malgré tout, elle savait — nous le verrons — goûter le charme de ces grands bois de Bretagne « dont la beauté et la tristesse étaient extraordinaires ».

Cet attrait, cependant, n'eut peut-être pas suffi à la ramener si souvent aux Rochers et à lui faire affronter de si longs et si pénibles voyages. Mais ses intérêts, compromis par les frasques et les gaspillages de son mari, l'obligeaient à surveiller ses domaines et, comme on dit, à faire des économies. Elle s'y employa d'abord pour ses enfants. Puis, lorsque ceux-ci eurent recueilli la plus grande partie des biens paternels, elle subsista du revenu médiocre de quelques métairies et d'une pension que lui faisait son fils.

Ce fils, un charmant étourdi, plein d'enjouement, d'esprit et de belle humeur, adorait, amusait, taquinait, soignait sa mère, la prenait au besoin pour confidente de ses déboires d'amour, avait pour elle des gentillesses de toutes sortes, lisait à ravir et jouait « comme Molière » ; mais il avait hérité de son père la plus folle prodigalité, et avait trouvé « l'invention de dépenser sans paraître, de perdre sans jouer et de payer sans s'acquitter » ; sa main était un creuset qui « fondait l'argent ». Pour payer ses dettes, il appelait les bûcherons qui rasaient les futaies.

Puis les fermiers étaient récalcitrants et trouvaient mille prétextes pour retarder les payements. La scène que voici se répétait sans cesse : « Ce matin, il est entré un paysan avec des sacs de tous côtés ; il en avait sous ses bras, dans ses poches, dans ses chausses... Le bon abbé, qui va droit au fait, crut que nous étions riches à jamais : « Hélas ! mon ami, vous voilà bien « chargé : combien apportez-vous ? — Monsieur, « dit-il en respirant à peine, je crois bien qu'il « y a ici trente francs. » C'étaient, ma bonne, tous les doubles de France, qui se sont réfugiés dans cette province, avec les chapeaux pointus, et qui abusent ici de notre patience. »

Malgré les conseils du « bon abbé », l'abbé de Coulanges, malgré le secours que ses amis lui apportèrent en maintes occasions, la pauvre femme se débattit toujours au milieu de cruels embarras. Un an avant sa mort, elle écrivait qu'elle pensait mourir sans argent comptant, mais aussi sans dettes : « C'est tout ce que je demande à Dieu, et c'est assez pour une chrétienne. » Son vœu ne fut pas exaucé ; elle devait à son décès plus de soixante-sept mille livres.

Les biens que possédaient les Sévigné étaient disséminés dans la Haute et la Basse Bretagne. Le manoir patrimonial, près de Rennes, avait disparu, et il ne restait sur la terre de Sévigné que des moulins et deux métairies. Les Rochers étaient situés à une lieue et demie de Vitré, le château de Buron à quatre lieues de Nantes. La terre de Bodegat, sans manoir ni château, dépendait de la paroisse de Mohon, à mi-chemin entre Loudéac et Ploërmel. Enfin, Mme de Sévigné était propriétaire de quelques terres en Cornouaille, sur les bords de l'Odet.

Flânant sur les routes, j'ai cherché et retrouvé les propriétés des Sévigné, et je suis plus avancé que la marquise, qui ne vit jamais ses terres de Basse-Bretagne.

*
* *

« Je fus hier au Buron. J'en revins le soir, je pensai pleurer en voyant la dégradation de cette terre : il y avait les plus vieux bois du monde ; mon fils, dans son dernier voyage, lui a donné les derniers coups de cognée. Il a encore voulu vendre un petit bouquet qui faisait une assez grande beauté ; tout cela est pitoyable ; il en a rapporté quatre cents pistoles, dont il n'eut pas un sou, un mois après... Toutes ces Dryades affligées que je vis hier, tous ces vieux Sylvains qui ne savent plus où se retirer, tous ces anciens corbeaux établis depuis deux cents ans dans l'horreur de ces bois, ces chouettes qui, dans cette obscurité, annonçaient, par leurs funestes cris, le malheur de tous les hommes, tout cela me fit hier des plaintes qui me touchèrent sensiblement le cœur ; et que sait-on même si plusieurs de ces vieux chênes n'ont point parlé, comme celui où était Clorinde ? Ce lieu était un *luogo d'incanto*, s'il en fut jamais : je revins tout triste ; le souper que me donna le premier président et sa femme, ne fut pas capable de me réjouir... » (27 mai 1680).

N'est-elle pas touchante cette plainte de Mme de Sévigné qui fait écho à celle de Ronsard ?

> Escoute, bucheron, arreste un peu le bras :
> Ce ne sont pas des bois que tu jettes à bas ;
> Ne vois-tu pas le sang lequel dégoûte à force
> Des nymphes qui vivaient dessous la dure escorce ?

Ni les allusions mythologiques, ni les réminiscences du Tasse n'empêchent de sentir combien était sincère ce cri de tendresse et d'indignation.

Mme de Sévigné aimait les arbres, elle aimait ceux de Livry et ceux des Rochers ; elle aimait aussi ceux de Buron, et, quand son fils les eut tous coupés, elle n'aima plus rien à Buron. Elle y venait rarement ; désormais, elle ne fit plus qu'y passer. Le voisinage de Nantes et la société qu'elle rencontrait dans cette ville lui déplaisaient.

Autre grief : « Dans ma jeunesse, l'air de Nantes, un peu mêlé de celui de la mer, perdait mon teint. » La jeunesse passée, Mme de Sévigné, quoi qu'elle en ait dit, resta vaine de ce teint dont Mlle de Scudéry avait un jour célébré la blancheur si merveilleuse « qu'on y voit en toute saison cette fraîcheur qu'on ne voit qu'au lever de l'aurore sur les plus belles roses du printemps » ; et, après la cinquantaine, elle mettait encore au nombre des bienfaits de l'air des Rochers la propriété de « nourrir le teint ».

Enfin, même dans le temps que son château gardait encore une magnifique parure d'arbres séculaires, elle n'était point femme à subir longtemps les sombres prestiges de ce *luogo d'incanto*. Elle sentait toutes les beautés de la nature ; cependant le goût des « sublimes horreurs » n'était pas son fait : rien de Jean-Jacques en cette raisonnable personne. Elle eût voulu conserver les vieux bois ; mais, obligée de vivre à Buron, elle aurait tracé, à travers les fourrés, de belles allées droites, comme aux Rochers, « des allées qui auraient leur mérite à Versailles, c'est tout vous dire ».

Il faut encore ajouter que ces coupes de bois devaient causer à Mme de Sévigné d'autant plus d'affliction que Buron lui appartenait en propre ; ses enfants lui avaient abandonné cette terre pour ses reprises matrimoniales : c'était chez elle que Charles de Sévigné exerçait ses ravages.

Le château de Buron est intact. Au vieux donjon et au vieux manoir du moyen âge on ajouta, depuis Mme de Sévigné, un corps de logis qui, bâti du même granit, n'a pas altéré la figure de la construction ancienne. Il domine une grande prairie où se réunissent les sources du Cens, un gentil ruisseau qui, après avoir serpenté dans une gentille vallée, va se jeter dans l'Erdre.

Dans cette belle maison, on a dévotement conservé le souvenir de celle qui l'a illustrée en quelques lignes. Au rez-de-chaussée du donjon, une chambre octogonale, lambrissée de belles boiseries du XVIIe siècle, fut occupée par la marquise dans les brefs séjours qu'elle fit à Buron. Son lit et ses meubles sont restés à leur place. Deux portraits de Mme de Sévigné, dont l'un est fort ancien et fort beau (d'après Nanteuil), décorent les parois de la pièce.

Quant aux grands bois, naguère il n'en restait que des débris, et il est à croire que, depuis le XVIIe siècle, Charles de Sévigné eut quelques imitateurs... Mais les environs du château ont été replantés en ces dernières années ; bientôt Dryades et Sylvains, corbeaux et chouettes reviendront chez eux, et l'ombre de Mme de Sévigné sera consolée.

⁂

Il me vint voir l'autre jour une belle petite fermière de Bodegat avec de beaux yeux brillants, une belle taille, une robe de drap de Hollande découpée sur du tabis, les manches tailladées. Ah ! Seigneur ! lorsque je la vis, je me crus bien ruinée, elle me doit huit mille francs. Tout cela s'accommodera. Vous voulez savoir mes affaires ? M. de Grignan aurait été amoureux de cette femme, elle est sur le moule de celle qu'il a vue à Paris... » (25 mai 1680).

Aux confins du Morbihan et des Côtes-du-Nord, à travers une région mélancolique, où les landes alternent avec les champs d'ajoncs et de fougères, j'ai gagné le bourg de la Trinité-Porhoët. De pauvres maisons entourées de petits vergers s'étalent sur le penchant d'un vallon au fond duquel coule la petite, la toute petite rivière du Ninian. Une vieille croix gothique se dresse au bas du bourg. Une grande église mi-romane, mi-gothique, rude et lourde, domine les croix, les ronces et les fleurs du cimetière ; le pavé de la nef suit la pente du terrain ; au-dessus du maître-autel, entre des colonnes torses, un très ancien retable colorié, un peu barbare, représente l'arbre de Jessé. Nous sommes ici au fond de la Bretagne, de la plus lointaine, de la plus sauvage Bretagne.

Une maison située sur la grand'place, la place du Martray, passe pour avoir été habitée par Mme de Sévigné, lorsqu'elle se rendait à Bode-

MANOIR DE LESTREMEUR

gat ; mais laquelle ? J'avise la plus vieille et la plus pittoresque, une maison de bois, coiffée d'une toiture compliquée, dont l'étage s'incline vers la rue et dont la façade montre de belles poutres sculptées. On y vend des cartes postales représentant les « curiosités » de la Trinité-Porhoët. J'interroge la jeune marchande : « Ah ! Monsieur, me dit-elle, la maison de Mme de Sévigné ! Autrefois, on disait que c'était la nôtre. Et maintenant il paraît qu'on s'était trompé : c'est celle que vous voyez tout près d'ici ». Ce disant, elle me montre une maison toute neuve qui a remplacé naguère une vieille maison de bois. Elle semble si sincèrement désolée de ne pas habiter le logis de la marquise, que je crois devoir lui rappeler combien l'histoire est une science incertaine. Et, pour ne pas troubler les gens de la Trinité-Porhoët dans leur piété historique, je me garde bien de leur enlever l'illusion que Mme de Sévigné fut un peu leur compatriote.

La vérité, la pure vérité est que jamais Mme de Sévigné ne vint à Bodegat, et que jamais elle n'a visité la Trinité. Grâce à sa correspondance, nous la pouvons suivre dans tous ses déplacements. Une fois, elle a passé non loin d'ici. C'était au mois d'août 1689 : elle faisait avec Mme de Chaulnes un voyage en Basse-Bretagne, mais cette excursion fut interrompue par la nouvelle que le duc de Chaulnes, gouverneur de Bretagne, venait d'être désigné pour l'ambassade de Rome. Les deux voyageuses durent revenir à bride abattue de Vannes à Rennes, et traversèrent Ploërmel qui est à quelques lieues de la Trinité. De Bodegat Mme de Sévigné n'a donc jamais connu que la « belle petite fermière »; mais — c'est là sans doute l'origine de la légende — Charles de Sévigné vint à plusieurs reprises visiter ses terres de Basse-Bretagne, et nous savons qu'il s'arrêtait alors à la Trinité.

En suivant la vallée du Ninian, avant d'arriver au village de Mohon, l'on rencontre, dispersés sur les bords du ruisseau et le long des chemins creux, les quelques maisons du hameau de Bodegat. Ces habitations sont les mêmes où logeaient les vassaux de Sévigné ; plusieurs sont couvertes de chaumes. J'ai vu dans les champs quelques descendants et descendantes de la « belle petite fermière ». Je les ai timidement interrogés pour savoir si quelqu'un leur avait parlé d'une personne illustre qui fut jadis la propriétaire de ces terres. J'ai constaté — sans surprise — que leurs souvenirs littéraires étaient moins précis que ceux de la marchande de cartes postales de la Trinité. J'ai constaté aussi que les arrière-petites-filles de la fermière de Mme de Sévigné ne sont pas « sur le moule » de leur aïeule. Il est vrai que, pour ramener les vaches à l'étable, elles n'avaient pas mis leur robe de drap de Hollande, et revêtu les beaux atours d'une fermière qui doit huit mille francs à une marquise.

A travers des prés marécageux je gagnai le village de Mohon où je trouvai avec tristesse une église neuve. Je me consolai en regardant une vieille porte sculptée où est inscrite la date de 1653 : c'est tout ce qui reste d'un prieuré, dépendant de l'abbaye de Saint-Jean-des-Prés. Et je m'en allai visiter Josselin qui est un des plus admirables châteaux de France... Mais, aujourd'hui, nous *sévignisons*, et Mme de Sévigné ne fut jamais à Josselin.

*
* *

« Nous avons trouvé un ami qui pourra nous estimer les terres que Mme d'Acigné nous offre, et nous tirer de toutes nos affaires avec celui que Mme d'Acigné nommera de son côté ; si nous réussissons, nous n'aurons pas perdu notre voyage. Cet ami est le fils de M. Charrier, de Lyon, que nous connaissons ; il a une abbaye en Basse-Bretagne ; et voilà comme les choses se trouvent par hasard dans une visite, lorsqu'on y pense le moins... » (1er septembre 1680).

Quelles étaient ces terres cédées par Mme d'Acigné à Mme de Sévigné ? Les commentateurs et éditeurs de la correspondance ne s'étaient pas donné la peine de le rechercher ; mais une note parue, il y a un an, dans l'*Intermédiaire des cher-*

cheurs et curieux et dont l'auteur est le propriétaire actuel de l'une de ces terres, a élucidé la question. Quant à l'abbé Charrier qui fit l'estimation des domaines, nous le connaissons maintenant par une notice que lui a consacrée le savant archiviste du Finistère, M. Bourde de la Rocherie. Je ne fais que résumer ces deux publications.

Mme d'Acigné devait à sa voisine des Rochers la somme de quatre-vingt mille francs. Ne pouvant s'acquitter, elle proposa à Mme de Sévigné de lui céder les terres de Lanros, Kerancelin, Gourlizon, Pennenen, Helen et Kerbonnevez, situées, entre Quimper et la mer, sur l'une et l'autre rive de l'Odet. Ce fut alors que, pour apprécier la valeur des propriétés, Mme de Sévigné s'adressa à l'abbé Charrier. Issu d'une famille noble d'Auvergne depuis un siècle fixée à Lyon, celui-ci était abbé de Sainte-Croix de Quimperlé. Cet homme zélé et charitable restaura les bâtiments de son abbaye, défendit les droits de ses religieux, et s'occupa des affaires de la province. Mme de Sévigné disait de lui qu'il n'avait pas les grâces de son père, mais elle lui reconnaissait « un esprit droit et juste, un bon sens et un bon cœur que je ne lui conseillerais pas de changer contre personne de Lyon, ni de Paris », et elle louait « ses lettres naïves et naturelles ». Lorsqu'il eut estimé les six propriétés offertes par Mme d'Acigné, le contrat fut passé à Paris le 5 août 1683...

Par une brûlante matinée de juillet, je me suis embarqué au port de Quimper. Des brumes qui traînent encore sur la rivière comme des fumées perdues, s'évanouissent au soleil levant. Pas un souffle de brise : le canot glisse sur l'Odet à peine ridé par le mouvement des rames. Dominée par les arbres d'un parc touffu, apparaît une étrange façade à colonnes et à fronton, précédée de terrasses : c'est le château de Laniron, l'ancienne maison de campagne des évêques de Quimper, et rien n'est imprévu comme le spectacle de ces architectures et de ces jardins classiques, presque italiens, au milieu d'un paysage de Cornouaille. Brusquement les rives s'éloignent, le chenal des navires est tracé au milieu d'un grand lac, et partout des bois ferment l'horizon. Ici les lucarnes et les tourelles d'un château pointent au-dessus des frondaisons ; là s'ouvrent des anses profondes qui laissent apercevoir de petits vallons où pâturent des troupeaux. Puis, par une trouée tout à l'heure invisible, l'Odet poursuit son cours entre deux falaises chargées de verdures. Sur la rive gauche, Lanros, une des terres de Mme de Sévigné ; plus loin, l'entrée d'un fjord dont les canaux tortueux s'enfoncent dans la campagne. La rivière large comme un fleuve coule sans un clapotis, entraînée par le jusant, et reflète dans son onde unie les sombres granits des berges et les noirs massifs de chênes ; elle coule avec une tristesse grave, silencieuse et tranquille, tandis que, là-haut, au rebord du plateau, quelques arbres dessinent sur l'azur leurs ramures à jamais penchées et tordues par les rafales du large, témoins des jours de tempête.

Le canot aborde dans une crique, dont un parc superbe couvre les bords, et sous les grands ombrages je ne puis m'empêcher de songer à la peinture que fit Mme de Sevigné des bois de Buron. Un grand château moderne s'élève au sommet de la colline, c'est le château de Perennou. Il y eut jadis à cette place une villa romaine dont on voit encore les vestiges dans le parc. J'erre un instant sous les chênes et les hêtres, et je me hâte, toujours en l'honneur de Mme de Sévigné, de gagner Lestremeur. Les jolis chemins, la jolie campagne et les jolis ruisseaux ! Et que la nature est aimable de nous prodiguer tant de fraîcheur sous ce ciel plus africain que breton !

A Lestremeur, il reste un délicieux manoir du xve siècle ; il n'en reste à vrai dire qu'un portail ogival et qu'une aile flanquée d'une tour ; mais, vu dans l'encadrement du portail, le petit bâtiment avec ses fenêtres à meneaux forme un tableau charmant. Tout près s'élève un beau

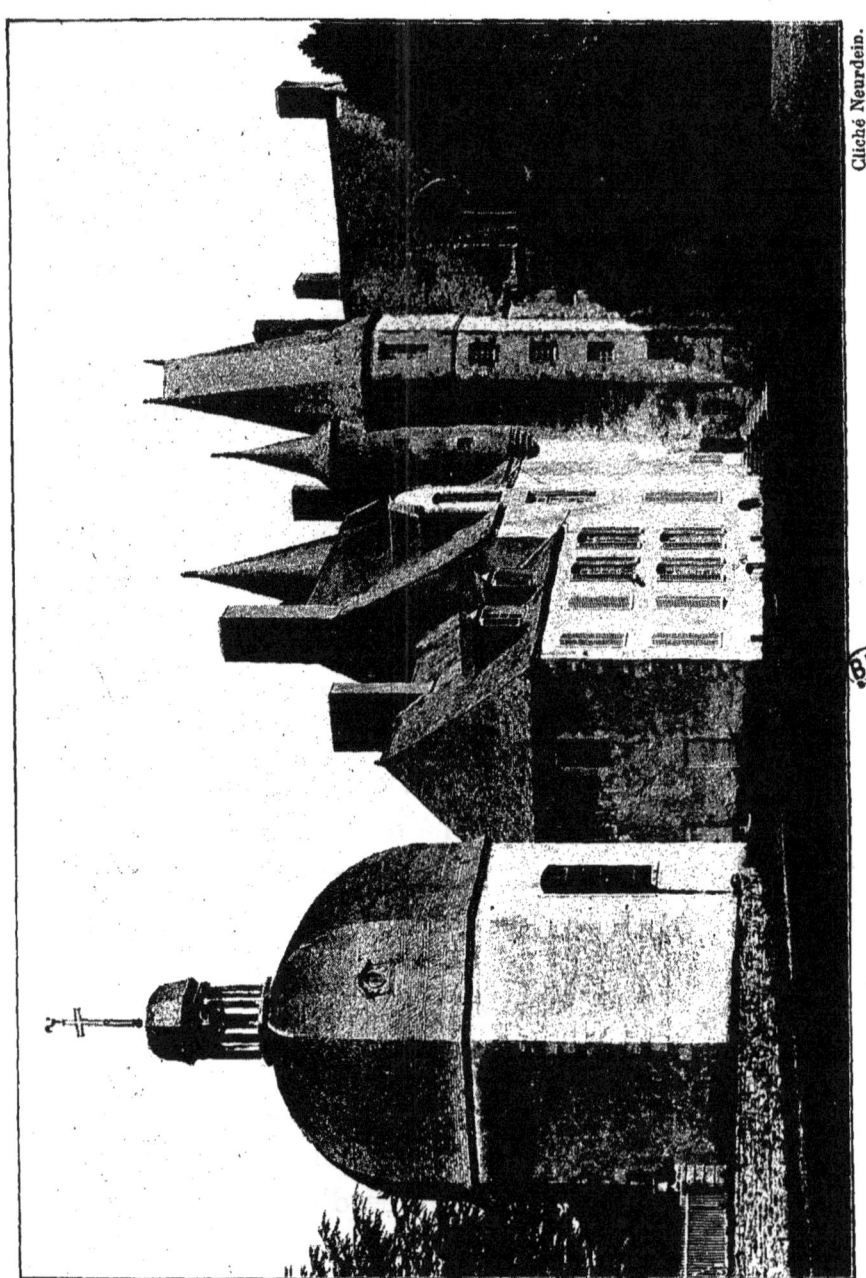

CHATEAU DES ROCHERS

colombier. Le manoir est maintenant une ferme. J'ai bien souvent pensé, surtout en Bretagne, que, habitée par de simples cultivateurs, — le fumier devant les portes, la cour pleine de charrettes, — une vieille gentilhommière conserve mieux son air de jadis que si elle est noblement isolée au milieu des pelouses d'un jardin régulier.

Pour chapelle, Lestremeur avait l'église voisine de Bovidit, une pauvre église délabrée qui a perdu son clocher et gardé son cimetière envahi par les herbes et les ronces.

Pas plus qu'à Bodegat, Mme de Sévigné n'est venue à Lestremeur.

**
* **

« C'est ici une solitude faite exprès pour y bien rêver ; vous en feriez bien votre profit, et je n'en use pas mal : si les pensées n'y sont pas tout à fait noires, elles y sont tout au moins gris-brun. » (29 septembre 1675.)

Ce jour-là, Mme de Sévigné dit avec une charmante sincérité la nuance du sentiment qui l'attachait aux Rochers. Elle a connu dans cette maison le demi-bonheur dont il lui fallait se contenter, lorsqu'elle était séparée de Mme de Grignan. Là, tout lui rappelait de tendres souvenirs : les brèves illusions de ses premières années de mariage, les tristesses de son veuvage consolées par la présence de sa fille ; là, le spectacle de la campagne et des bois, une existence saine et active, de fidèles amitiés rendaient moins cuisant son chagrin d'amour maternel.

Presque rien n'est changé aux Rochers depuis le XVIIe siècle. Une piété intelligente a gardé tout ce qui peut y évoquer le souvenir de Mme de Sévigné ; pour s'en convaincre, il suffirait de lire la description du domaine que contient un « aveu » rendu en 1688 par Charles de Sévigné. Le château a perdu « ses défenses, canonières et fortifications », mais les bâtiments sont restés debout avec leurs tours et tourelles. La chapelle a conservé son tableau d'autel, ses chandeliers, ses sièges et ses boiseries un peu lourdes de l'invention du bon abbé de Coulanges. La chambre de la marquise est convertie en une sorte de musée où sont réunis des portraits, des estampes, ainsi que les meubles et les objets familiers de celle qui l'a jadis habitée. Ces reliques sont respectables et précieuses ; mais c'est dans le parc, dans le jardin, sur les terrasses des Rochers que les plus jolies lettres se présentent d'elles-mêmes à notre mémoire.

Le jardin, qu'une belle grille sépare de la cour d'honneur, a conservé le dessin qui avait été tracé sur un plan de Le Nôtre. L'ordonnance en est simple et charmante. Des cèdres, plantés au XIXe siècle et qui ont magnifiquement grandi, en altèrent un peu le caractère ; mais la place *Coulanges* avec son mur en hémicycle n'a pas été modifiée, et l'on y entend toujours un double écho, « un petit rediseur de mots jusque dans l'oreille ». De la place *Madame*, le regard embrasse toujours le même horizon : « Nous avons ici une lune toute pareille à celle de Livry, nous lui avons rendu nos devoirs... Cette place *Madame* est belle : c'est comme un grand belvédère d'où la campagne s'étend à trois lieues d'ici à une forêt de M. de la Trémoïlle, mais elle est encore plus belle, cette lune, sous les arbres de votre abbaye ; je la regarde et je songe que vous la regardez : c'est un étrange rendez-vous, ma chère mignonne... »

Les bois sont moins hauts et moins touffus qu'au temps de la marquise ; il y a maintenant plus de taillis que de futaies ; mais on a respecté les allées tracées par la marquise et qu'elle avait nommées : la *Solitaire*, *l'Infinie*, *la Royale*, *l'Humeur de ma mère*, *l'Humeur de ma fille*, etc... Elle adorait ses bois, et le dessin des avenues fut toujours sa grande affaire, quand elle vint aux Rochers. Suivie de son jardinier Pilois, « son ami Pilois », dont elle préférait « la conversation à celles de plusieurs qui ont conservé le titre de chevalier au Parlement de Rennes », elle arpentait son parc, abattait parfois des arbres, en plantait de nouveaux. Elle créait un labyrinthe avec des palissades et des tapis verts, se construisait de petits pavillons, décorait ses arbres favoris de devises ou de vers de Guarini.

Tous ces enfantillages, fort à la mode au xviie siècle, ne l'empêchaient pas de sentir profondément le charme des bois. « Vraiment, disait-elle, ces allées sont d'une beauté, d'une tranquillité, d'une paix, d'un silence, à quoi je ne puis m'accoutumer. » Et avec quelle finesse elle comparait l'automne des environs de Paris à l'automne de Bretagne ! « Ces bois sont toujours beaux, écrivait-elle le 20 octobre 1675 ; le vert en est cent fois plus beau que celui de Livry. Je ne sais si c'est la qualité des arbres ou la fraîcheur des pluies; il n'y a pas de comparaison, tout est encore aujourd'hui du même vert du mois de mai. Les feuilles qui tombent sont feuille-morte ; mais celles qui tiennent sont encore vertes ; vous n'avez jamais observé cette beauté. » Elle se promenait dans ses bois, au clair de lune, entre onze heures et minuit, suivie de trois gardes, par crainte des loups, et rencontrait deux fantômes, l'un tout blanc, un vieux tronc d'arbre, et l'autre tout noir, l'abbé Mousse, en promenade. Elle passait parfois l'hiver aux Rochers et admirait ses avenues dépouillées de leur verdure : « Ces bois sont présentement tout pénétrés de soleil, quand il en fait ; un ter-

Cliché Paul Gruyer.

LES ROCHERS
Fenêtre de la chambre de Mme de Sévigné.

rain sec et une place *Madame* où le midi est à plomb, et un bout d'une grande allée où le couchant fait des merveilles, et quand il pleut, une bonne chambre avec un grand feu... »

Il y avait pourtant des jours où la pluie de Bretagne était plus forte que l'optimisme de la marquise, mais, ces jours-là, ses amis se chargaient de la consoler des tristesses du climat.

II. — LES AMIS ET LES VOISINS DE MADAME DE SÉVIGNÉ

Les rêveries sous les arbres du parc et les colloques avec le jardinier Pilois n'occupaient pas toutes les heures de Mme de Sévigné aux Rochers. La tapisserie, les livres, les gazettes, la correspondance prenaient le reste de son temps. Parfois passait un bateleur qui exécutait des tours merveilleux, ou une bohémienne qui par ses yeux, sa taille et sa façon de danser faisait souvenir de Mme de Grignan. Cependant, elle eût probablement trouvé cette existence lourde et fastidieuse, si elle n'avait eu, autour d'elle, des voisins empressés et de fidèles amis. Leur commerce la sauvait de l'ennui. Sa nature bienveillante, prompte à la sympathie, était touchée du moindre témoignage d'affection, supportait les importuns, tolérait les ridicules; pour mériter son amitié, il suffisait d'un mot sur les mérites de sa fille. Puis comment se fût-elle résignée à une véritable solitude, elle dont l'amusement était de regarder, écouter et conter ? Elle semblait ne rassembler tant d'histoires et de commérages que par dévouement maternel, pour distraire Mme de Grignan ; mais elle s'en divertissait la première. C'était le grand délassement de cet esprit malicieux et curieux du prochain.

*
* *

Une grande allée que Mme de Sévigné avait nommée la *Royale* traversait le bois des Rochers ; de l'extrémité de cette avenue, un chemin souvent endommagé par les pluies conduisait à Vitré : en tout une lieue et demie du château à la ville.

Vitré, aujourd'hui, a perdu la plus grande partie de ses vieilles murailles du moyen âge, mais gardé son magnifique château, — scandaleusement restauré, — ses porches de bois, ses balcons couverts, ses pignons revêtus d'ardoises, ses maisons sculptées de la Renaissance. La plupart des rues n'ont guère changé d'aspect depuis le temps où Mme de Sévigné venait à la ville pour y faire ses dévotions et ses emplettes, ou pour y recevoir ses amies, car les Sévigné possédaient, proche la porte Gatecel, « une grande maison noble, nommée, de tout temps immémorial, la Tour de Sévigné, composée de plusieurs corps de logis, avec cour et jardin, et une grosse tour par derrière, enclavée dans la muraille de ladite ville ». La maison a été démolie au XVIII° siècle, la porte et le rempart ont disparu au XIX°. La marquise et son fils venaient s'établir dans leur Tour quand les États de la province se réunissaient à Vitré. La petite ville résonnait alors du roulement des carrosses et du bruit des violons ; ce n'étaient que bals, mascarades, comédies, soupers et beuveries ; la Bretagne tout entière était à Vitré, et la Bretagne était ivre.

Aux portes de la ville, dans le faubourg par où passait le chemin des Rochers, s'élevait le Château-Madame, habitation d'une des meilleures amies de Mme de Sévigné, la duchesse de la Trémoïlle, princesse de Tarente. Le château-fort de Vitré appartenait aux La Trémoïlle, mais ils résidaient, hors des murs, dans ce Château-Madame, logis d'assez médiocre apparence auprès duquel s'étendait un beau parc dont une partie forme aujourd'hui le jardin public de Vitré. C'est là qu'on a placé la nouvelle statue de Mme de Sévigné ; le lieu n'est pas mal choisi : on y voit encore quelques vieux arbres, peut-être contemporains de la marquise.

Cette « bonne Tarente », comme l'appelle Mme de Sévigné, était une Allemande, princesse de Hesse-Cassel et tante de Madame, la Palatine. Elle avait épousé le duc de La Trémoïlle qui, élevé en Hollande chez son grand-oncle, le prince d'Orange, servit d'abord en Allemagne. Le duc avait abjuré le protestantisme ; la duchesse était restée huguenote ; aussi la voyait-on rarement à la cour, elle demeurait le plus souvent à Vitré.

Mme de Sévigné n'était pas insensible aux avantages et à la considération que lui valait son intimité avec une personne d'aussi haute qualité, une « altesse » qui, lorsqu'elle se rendait à Rennes y était reçue avec des honneurs presque royaux. Une si glorieuse relation la faisait, disait-elle, honorer de ses paysans. En même temps elle était touchée par les procédés affectueux dont sa voisine usait à son égard. Cette princesse avait le bon goût d'aimer les bois des Rochers et d'adorer Mme de Grignan... Cela, d'ailleurs, n'empêchait pas Mme de Sévigné de s'amuser avec sa fille des ridicules tudesques de son amie, de son « écriture de cérémonie », de ses prétentions, et même de ses infortunes amoureuses. Un jour que celle-ci venait de lui faire présent d'un petit chien, elle écrivait : « Il s'appelle Fidèle ; c'est un nom que les amants de la princesse n'ont jamais mérité de porter ; ils ont été pourtant d'un assez bel air, je vous conterai quelque jour ses aventures... Il est vrai que son style est tout plein d'évanouissements, et je ne crois pas qu'elle ait eu assez de loisirs pour aimer sa fille au point d'oser se comparer à moi. » Et comme elle raillait les ordonnances de la bonne dame qui faisait des cures à peu près pareilles à celles du *Médecin malgré lui*!

Les grandes amitiés de Mme de Sévigné n'étaient pas absolument pures de tout mélange : il y entrait parfois un grain de vanité, toujours une bonne dose de malice.

*
* *

Mme de Sévigné voisinait avec les familles de bonne noblesse qui demeuraient dans les alentours des Rochers, au Châtelet, aux Nétumières, au Plessis-Argentré. C'est une agréable promenade que de parcourir les environs de Vitré, à la recherche de ces châteaux où fréquenta la marquise ; il est amusant de mettre un paysage à l'arrière-plan des portraits.

Cette campagne de Vitré est d'une grâce délicate et souriante. Des chênes robustes enclosent des champs soigneusement cultivés. Au détour des routes, d'immenses étendues boisées se découvrent brusquement jusqu'aux lointains clairs et bleus de l'horizon. Ça et là, entourées de beaux vergers, de petites gentilhommières, maintenant transformées en fermes, présentent leurs tourelles pointues et leurs vieux pignons dont le délabrement disparaît sous les lierres opulents. Au milieu des châtaigniers, de gracieux étangs montrent leurs eaux immobiles et les courbes de leurs rives capricieuses. Point de tristesse, point de rudesses, mais des lignes douces et une nature indulgente. Mme de Sévigné répondait un jour à une Parisienne qui calomniait l'air des Rochers : « Il est parfaitement bon, ni haut, ni bas, ni approchant de la mer; ce n'est point la Bretagne, c'est l'Anjou, c'est le Maine à deux lieues d'ici. » La remarque est juste, et, dans cette région encore angevine, on en pourrait dire autant des sites et des gens. Par la civilité des manières, par la finesse du langage, le paysan y est loin du type breton. Et que l'Anjou soit proche, on n'en peut douter non plus, si l'on regarde les sculptures qui décorent les maisons et les églises de Vitré : leur élégance et leur perfection n'ont rien de commun avec l'art fruste et barbare qui règne dans le reste de la Bretagne. Ici, comme en tant d'autres pays de France, l'histoire et la géographie ne sont pas d'accord.

Le château du Châtelet est situé au nord de Vitré. C'est un grand édifice, un peu lourd, un peu incohérent, mais qui ne manque pas de pittoresque, et porte, au-dessus de son corps de logis principal, un beau fronton Louis XIII. Les deux grosses tours basses, isolées en avant de la cour d'honneur, sont baignées par l'étang qui sépare le château d'une vaste prairie. En arrière s'étend un parc touffu, un peu désordonné, un morceau de forêt. Là vivait, au XVIIe siècle, Paul Hay du Châtelet, qui fut de l'Académie française et composa un *Bertrand Duguesclin*. Cet historien s'était battu en duel avec Henri de Sévigné, deux mois avant que celui-ci n'épousât Marie de Rabutin-Chantal, mais, après avoir blessé son adversaire, il s'était réconcilié avec lui. Il fit campagne contre les Turcs en compagnie de Charles de Sévigné, et depuis les deux familles restèrent unies. Rien ne les divisa, pas même les zizanies survenues entre les Hay du Châtelet et la princesse de Tarente. Une Hay du Châtelet épousa le marquis de Simiane et devint la belle-mère de Pauline de Grignan. Comme elle vécut en mauvaise intelligence avec son mari, Mme de Sévigné écrit à ce propos ces lignes souvent citées : « Mon Dieu! est-il vrai que la Simiane s'est séparée de son mari sous prétexte de ses galanteries? Quelle folie! *Je lui aurais conseillé de faire quitte à quitte avec lui.* » De graves commentateurs nous ont dissuadé de prendre cette boutade au sérieux et de conclure que Mme de Sévigné avait fait quitte à quitte avec M. de Sévigné, qui d'ailleurs ne l'eût pas volé.

Flanqué de tours et tourelles, les fenêtres et les lucarnes ornées d'un décor sobre et élégant, le château des Nétumières, un joli logis de la Renaissance, regarde la rivière de la Vilaine, qui n'est encore qu'un ruisseau, courir au milieu d'une grande et grasse prairie. Des bouquets de chênes enclosent le vallon. Cette demeure n'a presque rien perdu de sa grâce ancienne. Au xviie siècle, elle appartenait au comte et à la comtesse Hay des Nétumières de Tizé; elle appartient maintenant à leurs descendants. La comtesse était l'amie de la châtelaine des Rochers. Malheureusement la « bonne Tarente », qui décidément, n'était pas une voisine commode, se trouvait perpétuellement en querelle avec les Tizé; « les préventions sont à l'excès dans les têtes allemandes. » Ces préventions, Mme de Sévigné refusa toujours de les partager, même lorsque son fils, ayant épousé une nièce des Tizé, fut obligé de prendre le parti de sa nouvelle famille. D'ailleurs ses relations avec la duchesse de la Trémoïlle n'en furent point troublées. Non seulement elle ne se brouillait avec personne, mais elle savait faire admettre de ses amis qu'elle demeurât étrangère à leurs brouilles, ce qui, en amitié, est le plus difficile et le plus délicat des problèmes ; pour le résoudre, il ne faut point seulement du tact, mais encore du courage et de la bonté. Après la mort de Charles de Sévigné, Paul Hay des Nétumières de Tizé acheta les Rochers, qui sont demeurés la propriété de sa famille.

Au bas du coteau où est assis le château des Rochers, s'ouvre un vallon charmant. Un petit étang bordé de vieux arbres, l'étang du Beuvron, sépare les terres de la marquise de celles du Plessis-Argentré. Au delà commence un bois profond où, depuis des siècles, il semble que personne n'ait mis la cognée. De sombres futaies, des halliers touffus, un étang où se reflètent des ombrages si hauts et si épais qu'on y voit à peine un peu de ciel, et ici encore on pense au *luogo d'incanto* qu'étaient les bois de Buron avant les ravages ordonnés par Charles de Sévigné. Au milieu de ce parc mystérieux se dresse un château sans style ou, pour mieux dire, de tous les styles, dont les tours, les tourelles, les machicoulis, les lucarnes, les lanternes, les cheminées et les toitures inégales composent un tableau singulier et grandiose. Avant les restaurations du XIXe siècle, et surtout avant qu'on ait ménagé certaines percées dans le bois pour donner à la demeure un peu d'air et de lumière, ces lieux mélancoliques et humides devaient ressembler au domaine de la Belle au Bois dormant.

Il y avait une demi-lieue des Rochers au Plessis. Ce « voisinage, disait Mme de Sévigné, est la plus grande beauté des Rochers » ; M. du Plessis la « faisait pâmer de rire » ; son fils était un « joli homme » qui avait de l'esprit et entendait finement ce qui était bon ; mais de toute la famille la personne que l'on voyait le plus souvent aux Rochers, c'était Mlle du Plessis, « la divine du Plessis », une bonne caricature dont tout le monde se moquait, Mme de Sévigné la première, mais qui était devenue indispensable au divertissement de la compagnie. Laide et défigurée par toutes sortes d'infirmités, elle était furieusement minaudière; elle jouait « la dévote, la capable, la peureuse, la petite poitrine, la meilleure fille du monde », se donnait des airs de Tartufe pour avouer ses péchés, et se mêlait aussi « d'être sentencieuse et de faire la personne de bon sens ». Elle assommait tout le monde avec le récit de ses remèdes et de ses lavements, commettait les pataquès les plus burlesques, contait les fables les plus absurdes et n'en voulait pas démordre, contrefaisait, un jour, Mme de Sévigné et, un autre, Mme de Grignan. Jalouse de toutes les personnes qui approchaient Mme de Sévigné, elle avait voué une haine comique à cette petite Jeannette de Marcille dont la gentillesse plaisait tant à la marquise. On la bernait, on la mystifiait de toutes les manières; tous les hôtes des Rochers jusqu'aux domestiques se faisaient un jeu de sa crédulité. « Son goût pour moi me déshonore, écrivait Mme de Sévigné... Je lui dis des rudesses abominables »; mais le moyen de décourager une personne qui recevait les bourrades en souriant et, pour se rendre utile, se mettait à couper des serviettes! D'ailleurs, avec cette indulgence qui, chez elle, prenait toujours le dessus, elle convenait que cette créature agaçante avait les meilleurs sentiments du monde : « J'admire que cela puisse être gâté par l'impertinence de son esprit et la ridiculité de ses manières... »

J'aurais voulu retrouver le logis de Jeannette, la fille de la bonne femme Marcille : « Je voudrais que vous l'eussiez vue les matins manger une beurrée longue comme d'ici à Pâques et l'après-midi croquer deux pommes vertes avec du pain bis. » La maison de Jeannette « était au bout de ce parc », dit Mme de Sévigné. J'ai cherché, je n'ai pas trouvé.

*
* *

Voilà les relations journalières de Mme de Sévigné. Mais elle avait, dans la Haute et la Basse-Bretagne, des amis et amies qui souvent venaient aux Rochers.

Mlle de Murinais, qu'elle avait surnommée la « Murinette beauté », savait un peu de tout et parlait l'italien comme le français. Elle aurait voulu épouser le joli marquis de Locmaria : « Je voudrais que vous eussiez vu l'air de M. de Locmaria et de quelle manière il ôte et remet son chapeau ; quelle légèreté ! quelle justesse ! il peut défier tous les courtisans et les confondre, sur ma parole ! Il a soixante mille livres de rente et sort de l'Académie ; il ressemble à tout ce qu'il y a de joli. » Locmaria dédaigna la Murinette beauté qui épousa le marquis de Kerman. « Il est certain, disait d'elle Mme de Sévigné, que son humeur est aimable quoiqu'il y ait quelque chose de brusque et de sec, mais cela est ajusté avec de si bons sentiments qu'il est impossible que cela déplaise. »

Mme de Marbœuf, veuve d'un président à mortier, au Parlement de Bretagne, donnait l'hospitalité à la marquise quand celle-ci venait à Rennes. Elle avait « de bonnes qualités et un cœur noble et sincère ».

Mlle Catherine Descartes, la nièce du philosophe, « avait de l'esprit comme son oncle », et faisait des vers. Mme de Sévigné l'aimait passionnément, et Mlle Descartes ne pouvait qu'adorer la cartésienne Grignan.

Le comte de Montmoron, conseiller doyen au Parlement, n'était pas cartésien, mais il faisait des vers et les venait réciter aux Rochers. Mme de Sévigné aimait à relire avec lui la mort de Clorinde.

LES ROCHERS
Chambre et portrait de Mme de Sévigné.

Cliché Lemaire.

Guébriac, qui venait de quatorze lieues faire visite à Mme de Sévigné, était le « plus honnête homme de toute la province ». Ce « philosophe chrétien et cartésien » avait épousé une jeune veuve fort riche. Comme il voulait s'instruire sur les anciennes cours d'amour, il fit demander quelques éclaircissements à la gouvernante de la Provence. Mme de Sévigné ne pouvait que lui trouver de l'esprit et goûter sa conversation.

De tous les amis bretons de Mme de Sévigné, le plus original, assurément, était le marquis de Pomenars, un joyeux chenapan auquel elle souhaitait deux têtes : « Jamais la sienne n'ira jusqu'au bout. » Ce personnage, qui « aurait réjoui la tristesse même », était en constante affaire avec la justice du roi, un jour poursuivi pour crime d'enlèvement, le lendemain pour crime de fausse monnaie. Mme de Sévigné l'adorait. Pomenars ne fut pas pendu et mourut de la pierre. Il s'était confessé à Bourdaloue. « Ah ! c'était une belle confession que celle-là ! Il y fut quatre heures. »

Tous les visiteurs, à vrai dire, n'étaient pas reçus aux Rochers avec la même sympathie. Il y avait de terribles importuns. Avec ceux-là Mme de Sévigné se ménageait « les délices d'un adieu charmant », et elle ne cachait pas à sa fille ses transports de joie, quand elle voyait partir

« une chienne de carrossée » qui l'avait contrainte et ennuyée.

III. — MADAME DE SÉVIGNÉ ET LES BRETONS

Quand on lit Mme de Sévigné et qu'on la voit si éprise de ses bois des Rochers, si attachée à la Bretagne par des liens de famille et d'amitié, on trouve juste l'hommage que les Vitréens veulent rendre à sa mémoire. Cependant lorsque ce projet fut annoncé, quelques Bretons s'en déclarèrent offensés, et rappelèrent que la marquise avait montré peu d'indulgence pour leurs ancêtres. Les susceptibilités du patriotisme provincial sont respectables, et l'on conçoit l'irritation des « celtisants », lorsqu'on s'apprête à inaugurer sur une place de Rennes un monument symbolique où la Bretagne est représentée dans une posture humiliante ; mais on ne comprend pas que l'idée d'élever une statue à Mme de Sévigné dans le vieux parc de la « bonne Tarente » puisse blesser le sentiment breton.

Oui, elle a un peu plaisanté les Bretons. Elle s'est moquée de l'aspect baroque de leurs noms ; c'est un genre de raillerie qu'il faut pardonner à une Parisienne, habituée de l'hôtel de Rambouillet, Ménage et Chapelain ont fait son éducation. Elle a beaucoup répété que les Bretons étaient des ivrognes : les statistiques disent aujourd'hui qu'ils sont alcooliques ; le mot a changé, mais non la chose, et la chose n'est que trop certaine. La seule différence est qu'au temps de Mme de Sévigné ils s'enivraient avec du vin, et qu'aujourd'hui ils se grisent avec de l'eau-de-vie. Elle les a montrés gauches et niais, mais elle-même a remarqué que « ce sont les commencements qui sont un peu ridicules », et que ces lourdauds deviennent vite d'agiles soldats : « Le régiment de Kerman est fort beau ; ce sont tous les Bas-Bretons, grands et bien faits au-dessus des autres, qui n'entendent pas un mot de français, si ce n'est quand on leur fait faire l'exercice qu'ils font d'aussi bonne grâce que s'ils dansaient des passe-pieds ; c'est un plaisir que de les voir. »

Voilà les « calomnies » dont elle a accablé les Bretons. Mais elle a été sensible au charme de leurs musiques et de leurs danses, ce qui devrait lui valoir la considération des folkloristes, et surtout elle a reconnu les belles et solides qualités de la race. « J'aime nos Bretons, écrit-elle à sa fille ; ils sentent un peu le vin ; mais votre fleur d'orange ne cache pas de si bons cœurs. » Et une vingtaine d'années plus tard : « Vous ririez de voir comme tous les vices et toutes les vertus sont jetés pêle-mêle dans le fond de ces provinces, car je trouve *des âmes de paysans plus droites que des lignes, aimant la vertu, comme naturellement les chevaux trottent.* » Rien que pour ce trait d'une si brusque et si familière beauté, elle méritait que l'on mît son image sous les yeux des Bretons.

Ce qu'on a surtout incriminé, c'est la manière dont Mme de Sévigné jugea la sédition que les Bretons firent, en 1675, contre les édits du roi : elle n'eut pas, dit-on, un mot de pitié pour les révoltés, pas un mot de sévérité pour les affreux excès de la répression ; elle est restée souriante et cruelle. Ce reproche est-il fondé ?

Le roi avait institué en Bretagne des impôts nouveaux sur le timbre, sur la vente du tabac et sur la marque de la vaisselle d'étain. Ce fut la cause des premiers troubles. A Rennes, à Saint-Malo, à Nantes, la foule pilla les bureaux des commis du fisc. Le duc de Chaulnes, gouverneur de la province, ayant voulu par sa présence « dissiper le peuple » avait été repoussé chez lui à coups de pierres.

Mme de Sévigné reçoit ces nouvelles à Paris, au moment où elle s'apprête à venir aux Rochers. Tout d'abord elle ne paraît pas y attacher grande importance : « Il y a bien de petites tranchées en Bretagne ; il y a même eu à Rennes une colique pierreuse. » Bientôt la révolte gagne les campagnes et s'y propage avec une prodigieuse rapidité. Les « édits » n'en sont que le prétexte. Ruinés par une horde de gens de loi, tourmentés et affamés par la petite noblesse qui est restée sur ses terres, pressurés par des hobereaux ivrognes et fainéants, les paysans écoutent quelques meneurs. Des bandes s'organisent ; des châteaux sont pillés et brûlés, des gentilshommes pendus : c'est la Jacquerie. En même temps les émeutes recommencent dans les villes.

Mme de Sévigné s'imagine d'abord que ce désordre sera vite apaisé : « J'irai voir ces coquins qui jettent des pierres dans le jardin du patron (le duc de Chaulnes). On dit qu'il y a cinq ou six cents bonnets bleus en Basse-Bretagne qui auraient bon besoin d'être pendus pour leur apprendre à parler. La Haute-Bretagne est sage, c'est mon pays... » Mais, quelques jours plus tard, les choses s'aggravent, et elle hésite à partir : « Ces démons sont venus piller et brûler jusqu'auprès de Fougères : c'est un peu trop près des Rochers. On a recommencé à piller un bureau à Rennes » ; son amie, Mme de Chaulnes a été menacée de mort; des troupes vont être envoyées en Bretagne, « car, dans l'état où sont les choses, il ne faut pas de remèdes anodins ». Elle demeure encore quelques semaines à Paris. Enfin des nouvelles plus rassurantes lui parviennent. La révolte est apaisée. Les gentilshommes soutenus par les troupes qui ont été concentrées en Basse-Bretagne, sont venus à bout des pillards. Au mois de septembre 1675, elle est aux Rochers.

Il est naturel que Mme de Sévigné apprenne avec horreur les émeutes et les pillages dont la Bretagne est le théâtre pendant deux mois. D'abord elle est propriétaire en Bretagne, nous avons énuméré ses terres. Puis elle est liée avec tous les hauts fonctionnaires qui se trouvent aux prises avec la sédition. En toutes occasions le duc et la duchesse de Chaulnes lui prodiguent les marques de leur affection. Elle reçoit aux Rochers la duchesse qui est « une bonne et solide et vigilante amie ». Lorsqu'elle vient en Bretagne par la Loire, elle profite, au château de Malicorne, de l'hospitalité du marquis de Lavardin, lieutenant général aux huit évêchés de Bretagne, et elle n'a jamais vu « une meilleure chère ni une plus agréable maison ». A M. d'Harouys, trésorier des États de Bretagne, elle reconnaît « une âme aussi grande que celle de M. de Turenne ». Elle est donc du « parti du gouvernement ». Enfin, il faut reconnaître que la révolte de la Bretagne met le royaume en danger, à l'heure même que la France perd Turenne, et qu'une flotte hollandaise croise sur les côtes, attendant que les rebelles lui ouvrent le port de Morlaix. Mme de Sévigné déteste ceux qui sont « infidèles au roi ». Lorsqu'elle arrive en Bretagne, les troubles sont finis ; elle assiste au châtiment des coupables.

Ce châtiment fut exemplaire; il y eut même des exécutions sommaires, sans jugement, dans certaines paroisses de la Cornouaille ; c'était autour de Quimper et de Carhaix qu'avaient été commis les plus atroces brigandages. Néanmoins les modernes historiens de la Bretagne ont parfois exagéré la dureté de cette répression. Dans l'étude complète et précise qu'il a écrite sur la *Révolte du papier timbré*, M. Jean Lemoine a rétabli la vérité, et montré que le duc de Chaulnes n'avait pas joué le rôle inhumain, féroce qu'on lui a souvent prêté.

Mme de Sévigné prévoit tristement de « rudes punitions ». Elle observe qu'à la nouvelle que 4.000 hommes sont amenés à Rennes par M. de Chaulnes, « l'émotion est grande et la haine incroyable dans toute la province contre le gouverneur ». Et quelques jours plus tard : « Il s'en faut de beaucoup que j'aie peur de ces troupes, mais je prends part à la tristesse et à la désolation de toute la province... » Craignant de scandaliser sa fille, elle ajoute : « Me voilà bien Bretonne, comme vous voyez; mais vous comprenez bien que cela tient à l'air que je respire ici et aussi à quelque chose de plus ; car, de l'un à l'autre, toute la province est affligée. » La vue de ses bois et le soin qu'elle donne à ses nouvelles allées lui font un peu oublier ses tristesses, et Mme de Marbœuf la fait « pâmer de rire », lorsqu'elle vient lui raconter les désordres et les lui « jouer au naturel ». (Nous préférerions que la conteuse fût moins comique et l'auditrice moins égayée.) Mais quand Mme de Chaulnes lui fait le récit des périls qu'elle-même a courus, Mme de Sévigné n'en écrit pas moins : « En un mot cette province a grand tort, mais elle est rudement punie, au point de ne s'en remettre jamais... » Rennes qui a donné le signal de la sédition, est lourdement frappé : « On a chassé et banni toute une grande rue et défendu de les recueillir sous peine de vie, de sorte qu'on voyait tous ces misérables, vieillards, femmes accouchées, enfants errer en pleurs au sortir de cette ville, sans savoir où aller, sans avoir de nourriture, sans de quoi se coucher... On a pris soixante bourgeois ; on commence demain à pendre. Cette province est un bel exemple pour les autres et surtout de respecter les gouverneurs et les gouvernantes, de ne leur dire point d'injures et de ne point jeter de pierres dans leur jardin. » Prudentes ironies sous lesquelles transparaît le véritable sentiment de Mme de Sévigné. Celles-ci sont moins voilées encore : « Vous me parlez bien plaisamment de nos misères ; nous ne sommes plus si roués ; un en huit jours, seulement pour entretenir la justice.

Il est vrai que maintenant la penderie me paraît un rafraîchissement ; j'ai une toute autre idée de la justice, depuis que je suis dans ce pays ; vos galériens me paraissent une société d'honnêtes gens, qui se sont retirés du monde pour mener une vie douce. Nous vous en avons bien envoyés par centaines ; ceux qui sont demeurés sont plus malheureux que ceux-là... » Est-ce là de l'insensibilité ? Et faut-il s'étonner qu'une fidèle sujette de Louis XIV n'ait pas cru devoir invoquer toutes les lois divines et humaines contre les exécuteurs de la volonté royale ?

La peine la plus dure que subirent les Bretons fut la présence des troupes. Vainement les États pensant fléchir le roi, avaient voté un « présent » de trois millions ; les soldats continuaient d'occuper la province où ils pillaient et dépouillaient les paysans. Dix ou douze mille hommes de guerre vivaient sur le pays, « comme s'ils étaient au delà du Rhin ». Mme de Sévigné a conté cette affreuse détresse de la Bretagne avec un profond accent de pitié.

En faut-il davantage pour montrer que les Bretons d'aujourd'hui peuvent, sans offenser la mémoire des « bonnets bleus » de 1675, honorer Mme de Sévigné, se souvenir qu'elle fut un peu leur compatriote et célébrer la gloire d'un grand écrivain français qui, au service d'un bon sens imperturbable, d'une imagination saine et d'un cœur généreux, mit la fantaisie d'une langue où chaque mot est une soudaine trouvaille.

IV. — MADAME DE SÉVIGNÉ A LA SEILLERAYE

Au mois de septembre 1675, Mme de Sévigné se rendait de Paris aux Rochers. Cette fois elle avait pris la route la plus longue : elle s'était embarquée à Orléans sur « notre belle Loire », et avait descendu le fleuve jusqu'à Nantes. Comme son bateau avait, au-dessous d'Angers, donné sur un banc de gravier, elle n'arriva sous les murs du château de Nantes qu'à neuf heures du soir.

« On entendit, écrit-elle, une petite barque ; on demanda : « Qui va là ? » J'avais ma réponse toute prête, et en même temps je vois sortir par la petite porte M. de Lavardin avec cinq ou six flambeaux au poing devant lui, accompagné de plusieurs nobles, qui veut me donner la main, et me reçoit parfaitement bien. Je suis assurée que du milieu de la rivière, cette scène était admirable... »

Il faut, aujourd'hui, pour se représenter cette « scène admirable », faire attention que le pied des murailles du château baignait alors dans la Loire ; il est maintenant enterré derrière le remblai du quai.

NANTES AU XVIIe SIÈCLE

Mme de Sévigné soupa chez M. de Lavardin qui était lieutenant général aux huit évêchés de Bretagne et le personnage le plus important de la province après le gouverneur. Puis elle s'en fut coucher dans la maison de M. d'Harouys.

M. de Lavardin et M. d'Harouys qui étaient fort de ses amis, lui offrirent tour à tour l'hospitalité. Elle se rendit chez les Visitandines où elle avait été autrefois avec sa fille. Ces religieuses lui firent l'amitié de se souvenir de toutes les paroles que Mme de Grignan avait prononcées devant elles. Enfin, avant de se mettre en route pour les Rochers, elle alla passer deux jours au château de la Seilleraye qui appartenait à M. d'Harouys. De là elle écrivait à sa fille, le 24 septembre :

« Me voici, ma fille, dans un lieu où vous avez été un jour avec moi ; mais il n'est pas reconnaissable ; il n'y a pas pierre sur pierre de ce qui était en ce temps-là. M. d'Harouys manda de Paris, il y a quatre ans à un architecte de Nantes, qu'il le priait de lui bâtir une maison ; il lui envoya le dessin qui est très beau et très grand. C'est un grand corps de logis de trente toises de face, deux ailes, deux pavillons ; mais, comme il n'y a pas été trois fois pendant tout cet ouvrage, tout cela est mal exécuté... »

*
* *

La Seilleraye (Mme de Sévigné écrit — à tort, je crois — *la Silleraye*) est à trois lieues et demie de Nantes et à une demi-lieue de la rive droite de la Loire, dans une belle campagne largement ondulée. Le château s'élève sur le versant d'un vallon, au fond duquel coule le ruisseau du Seil. Mme de Sévigné a très exactement décrit le bâtiment ; un grand corps de logis ; deux ailes ; deux pavillons.

On ne sait quel architecte fournit le dessin à M. d'Harouys. Naturellement on a prononcé le nom de Mansart. Tous les châteaux du xviie siècle sont attribués à François Mansart, s'ils sont antérieurs à 1670, et à Jules Hardouin s'ils sont postérieurs. La Seilleraye date de 1670. De même — il est inutile de le dire — on a prétendu que les jardins avaient été tracés par Le Nôtre.

Ce qui est certain, c'est que Harouys ou ceux qui lui succédèrent, ont fort bien réparé les négligences commises par l'architecte nantais. Ce château est une magnifique construction d'un style simple et noble. Un beau fronton surmonte la façade. Une grille ferme la cour d'honneur. C'est, dans sa robuste élégance, le type de la maison seigneuriale du xviie siècle où rien ne subsiste plus du manoir féodal.

Les appartements sont vastes. Un superbe escalier occupe le centre du grand corps de logis. De nombreux portraits de famille appartenant aux Bec de Lièvre qui, depuis le xviiie siècle ont possédé la Seilleraye, décorent les salons et les chambres.

La tradition désigne une des pièces du rez-de-chaussée comme la chambre de Mme de Sévigné. Celle-ci l'aurait habitée en 1675, puis une autre fois, cinq ans plus tard, lorsqu'elle revint en Bretagne. On y montre une petite table sur laquelle aurait été écrite la lettre dont j'ai cité les premières lignes. Un agréable portrait est accroché à la muraille : la marquise y est représentée en Diane chasseresse.

Partout où Mme de Sévigné a passé nous sommes sûrs de rencontrer, comme ici, une image, une inscription, un signe de souvenir et de dévotion. Il n'est pas un écrivain français dont — autrefois — la mémoire ait été plus pieusement célébrée.

A vrai dire, ce culte ancien semble maintenant un peu suranné, il étonne nos contemporains. Depuis un demi-siècle, la gloire de Mme de Sévigné a décliné. Ferdinand Brunetière a pu, sans causer de scandale, publier une histoire de la littérature française où son nom n'est même pas prononcé. Je sais qu'il s'est fondé naguère une association de « sévignistes » ;

mais, il y a cent ans, tout le monde en France était « sévigniste ». C'est une religion qui s'en va. Pourquoi? Serait-ce que la mémoire de Mme de Sévigné a quelque peu perdu de son prestige, depuis que tant et tant de femmes se sont poussées au premier rang dans les lettres françaises? Ou bien serait-ce que nous devenons chaque jour plus insensibles à la pure beauté du style, plus incapables de goûter le plaisir subtil et délicieux d'un vers de La Fontaine ou d'une phrase de Sévigné, plus étrangers à ces inutiles agréments que réprouvent les « penseurs », et qui n'en sont pas moins le plus précieux, le plus original de notre littérature?

Bon sujet de méditation, à l'ombre des charmilles et des berceaux de verdure du parc de la Seilleraye. Il mélange maintenant tous les styles, ce parc jadis régulier, et il est exquis, dans sa grâce printanière, avec ses bosquets, ses allées taillées et ses perspectives ouvertes sur les architectures « à la Mansart » du château de M. d'Harouys.

*
* *

En bon pèlerin, j'ai voulu faire plus ample connaissance avec celui qui bâtit cette belle demeure : j'ai continué de lire la lettre que

Cliché de *La Vie à la Campagne.*

ESCALIER DU CHATEAU DE LA SEILLERAYE

Mme de Sévigné a écrite à la Seilleraye, et j'y ai trouvé ce portrait de M. d'Harouys :

« M. d'Harouys veut, je crois, vous écrire, tant je le trouve enthousiasmé de vous : je l'aime comme vous savez, et je me divertis à l'observer. Je voudrais que vous vissiez cet esprit supérieur à toutes les choses qui font l'occupation des autres, cette humeur douce et bienfaisante, cette âme aussi grande que celle de M. de Turenne ; elle me paraît un vrai modèle pour faire celle des rois, et j'admire combien nous estimons les vertus morales ; je suis assurée que, s'il mourrait, on ne serait non plus en peine de son salut, que de celui de M. de Turenne. »

Quel était donc ce personnage qui excitait si fort l'admiration de Mme de Sévigné, que celle-ci ne craignait pas de le comparer à Turenne ?

Guillaume d'Harouys était le cousin germain de la marquise, étant veuf de Madeleine de Coulanges. Il avait la charge de trésorier des États de Bretagne et était célèbre pour sa folle prodigalité. Lorsque les États se réunissaient à Vitré, sa maison devenait un « Louvre ».

« Il avait, disait sa cousine, la passion outrée de faire plaisir à tout le monde ; c'était sa folie : il trouvait de l'impossibilité à refuser. Je ne l'excuse pas ; mais cela fait voir au moins que les meilleures choses du monde sont mauvaises quand elles ne sont pas réglées par le jugement. » La sage et judicieuse marquise était d'ailleurs une des personnes à qui le généreux trésorier s'était un jour trouvé « dans l'impossibilité de refuser ». Elle lui emprunta une somme considérable et la lui rendit sur la dot apportée par Mlle de Mauron à Charles de Sévigné.

Tous les débiteurs d'Harouys ne s'exécutèrent pas avec la même exactitude. Ses affaires commencèrent à s'embrouiller l'année même qu'il fit bâtir son château de la Seilleraye, et, lors des États de 1675, il se trouvait déjà en déficit de 900.000 livres ; cette fois, on le sauva « des abîmes qu'on craignait pour lui » ; mais d'année en année, la situation empira, et, en 1687, Harouys ne put rendre ses comptes. Il fut alors mis à la Bastille et déféré au Conseil des finances. Son passif était de plus de six millions de livres.

Le roi chargea une commission de régler l'affaire. Aucun soupçon ne s'élevait contre la probité du trésorier. Les perdants eux-mêmes plaignaient son infortune. Louis XIV prononça « avec une bonté paternelle ». Harouys ne fut condamné qu'à la prison perpétuelle. Il demeura donc à la Bastille jusqu'à sa mort.

A maintes reprises, son fils demanda pour lui la grâce de se retirer chez les Jésuites de la Flèche : on la lui refusa. Le prisonnier supporta sa captivité avec une belle constance. Bourdaloue le venait visiter. Aucun de ses amis ne l'abandonna.

On l'appela le Fouquet de la Bretagne. Mme de Sévigné lui fut fidèle, comme elle l'avait été jadis au surintendant. Elle fut pour lui ainsi que pour tant d'autres, la plus parfaite des amies. L'ingratitude était sa « bête d'aversion ». De ses sentiments pour son hôte de la Seilleraye nous possédons un témoignage irrécusable. Peu de mois après la mort de Mme de Sévigné Mme de Coulanges écrivait à Mme de Grignan :

« Il y a quatre ou cinq jours que je vois un spectacle bien triste, mais qui commence à le devenir moins : M. d'Harouys tomba dimanche dernier en apoplexie ; je volai à son secours et nous avons si bien fait par nos remèdes et par nos soins, que je le crois hors d'affaire ; mais le pauvre homme demeurera paralytique. Tout ce qu'il nous a dit dans son agonie ne se peut ni croire ni imaginer ; je n'ai jamais vu envisager la mort avec tant de courage, ni revenir à la vie avec tant de docilité. Ce pauvre mourant parlait toujours de Mme de Sévigné ; il disait : « Si elle était au monde, elle serait de celles qui ne m'abandonneraient pas. »

Il mourut trois ans plus tard d'une seconde attaque d'apoplexie, ayant passé près de douze années à la Bastille.

IV

EN BASSE-BRETAGNE
NOTES DE PROMENADE[1]

12 septembre 1885.
De Chateaulin aux Montagnes-Noires.

Nous avons quitté Chateaulin, lugubre sous-préfecture. Un brouillard épais couvre encore la vallée de l'Odet. Puis par une série de déchirures apparaissent vers le Nord de grands horizons encore embrumés, tandis qu'au-dessus de la route, les ardoisières étincellent parmi la verdure sombre des sapinières. Nous traversons des villages : Landremelle, Saint-Coulitz, Gouezec; tous ont la même physionomie : deux ou trois fermes, quelques habitations d'un aspect propre, mais, à l'intérieur, d'une saleté repoussante ; la maison du recteur haute de deux

---

1. Que le lecteur me pardonne de lui faire lire ici « des notes de promenades, » vieilles de vingt-neuf ans. Je les ai allégées et abrégées ; elles n'en sont guère meilleures. J'aurais été plus sage et plus modeste si j'avais laissé ces *juvenilia* enfouies dans la collection du *Journal des Débats* ; mais je n'ai pu résister au plaisir de me rappeler à moi-même les années lointaines où s'éveillait en moi le goût de flâner sur les routes de France.

étages, avec un jardin bien tenu ; un ou deux cabarets dont la seule enseigne est une branche de pin jaunie ; l'église basse avec son plafond de bois, sa flèche fine et percée à jour, son vieux calvaire de granit ; autour de l'église, le cimetière dallé de pierres tombales nues et lamentables ; dans un coin, l'ossuaire, pauvre réduit de quatre pieds à peine, dont les ardoises sont disjointes et les vitres fêlées. C'est là qu'on vide pêle-mêle le trop plein du cimetière ; si l'on manque de place, on déterre les vieux squelettes, et on les entasse dans l'ossuaire ; lorsque l'ossuaire est plein, on porte à la fosse commune des monceaux de crânes et de tibias anonymes.

La route encaissée entre deux haies traverse un long plateau. Les paysans que nous rencontrons sont de petite taille ; ils ont conservé les larges braies de toile, les vestes courtes et le chapeau rond à double ruban de velours, tiennent un bâton à la main, saluent avec une belle et fière politesse, et adressent au passant un sonore *Bennoz Doué d'é hoc'h!* (Dieu vous bénisse). Quant aux femmes, elles nous semblent d'une triste laideur; toutes sont vêtues de jupes et de corsages, sales, troués, rapiécés, mais toutes jusqu'aux plus misérables portent une immense collerette dont la blancheur est immaculée, et dont les plis sont d'une régularité irréprochable. C'est en cet accoutrement qu'elles gardent leurs vaches.

Soudain par une brèche de la haie apparaît, à une lieue du chemin, la chaîne des Montagnes-Noires. L'admirable vision! Le soleil est éclatant, mais la lumière se fait caressante sur la lande et enveloppe les collines d'une atmosphère subtile où tout se fond et se noie : on peut à peine distinguer les veines d'un vert sombre tracées par les haies d'ajoncs entre les champs de bruyère rose. Aux plis du sol il y a des reflets, mais assourdis, ainsi qu'aux cassures d'un velours dont la couleur est passée, à demi éteinte. D'une extrémité à l'autre de l'horizon la chaîne des hauteurs ondule mollement avec une sorte de nonchalance ; quelques arbres tordus par le vent surgissent çà et là ; sur les crêtes le granit a crevé par place les champs de bruyère ; et l'on voit des amas de rochers pareils à des donjons écroulés.

*
* *

Carhaix.

A Carhaix, nous sommes au cœur même de la Bretagne. Ici survivent encore les vieilles coutumes, les vieux costumes et la vieille langue. A douze lieues à la ronde, pas un chemin de fer. Des habitants de Carhaix nous ont assuré, que bientôt va cesser cette situation humiliante : de nombreuses voies ferrées doivent prochainement aboutir à leur ville. Déjà dans les vallées voisines on voit des jalons plantés par des ingénieurs. Nous demandons de quelle utilité sera le chemin de fer pour la contrée : « Nous ne savons pas, nous répond-on ; le beurre et le cidre coûteront plus cher ;... mais c'est une ligne d'intérêt stratégique. » Dans vingt cantons de la Basse-Bretagne, où l'on *espère* un chemin de fer, nous avons entendu la même réponse. Les députés pourraient donc, sans nuire à leurs propres intérêts, montrer moins de sollicitude pour ceux de la défense militaire.

Carhaix fut une des grandes villes de l'Armorique. Ahès, fille de Gradlon, lui donna son nom : Ker Ahès. Lorsqu'on entend le nom de Carhaix prononcé avec une formidable aspiration par les gens de Cornouaille, l'étymologie est vraisemblable. C'est dans cette cité royale, d'où rayonnaient sept voies romaines, que résidait Ahès ; c'est là qu'elle se livrait aux terribles débauches qui un jour devaient attirer la colère de Dieu sur elle et sur la ville d'Ys. Longtemps, bien longtemps après Ahès, Carhaix fut encore grande et prospère. Les guerres et les incendies la ruinèrent au XVIe siècle. Aujourd'hui ce n'est plus qu'une bourgade, mais jonchée des débris de sa gloire passée. Partout où l'on ouvre quelque chemin nouveau, on trouve des médailles, des statuettes et des poteries. Naguère on mit au jour un grand cimetière romain ; mais il a été impossible de sauver les urnes funéraires ; les ouvriers s'empressaient de les briser : on n'a jamais su persuader à un Breton qu'un vase caché dans la terre peut contenir autre chose qu'un trésor.

De toutes parts de vieilles routes largement taillées en plein granit coupent la campagne et convergent vers la ville.

Dans les rues, des façades sculptées, des pignons, des auvens, des portes basses ; des puits au milieu des places. Celles-ci sont démesurément vastes ; elles se sont sans doute agrandies à mesure qu'on rasait les ruines ; et cependant Carhaix possède encore plus de maisons que d'habitants.

Carhaix a sa statue, Carhaix à son grand homme en bronze. C'est La Tour d'Auvergne *le premier grenadier de France*. Il presse sur son cœur un sabre d'honneur que vient de lui remettre le Premier Consul. Le piédestal est orné de bas-reliefs propres à ajouter encore au ridicule de la statue qui les surmonte. Si les gens de Carhaix voulaient posséder une image de La Tour d'Auvergne, pour quoi avoir commandé à un sculpteur cette statue martiale et

ROUTE DE CARHAIX AU HUELGOAT

grotesque? Le premier grenadier fut aussi le premier *celtisant* de France, et il eût été plus naturel de glorifier à Carhaix l'auteur des *Origines gauloises*. C'est dans ce dernier ouvrage que La Tour d'Auvergne a péremptoirement démontré que le bas-breton fut la langue du paradis terrestre. Lorsque la femme présenta à l'homme la pomme fatale, l'homme en demanda un morceau, *a'tam* en breton, d'où le nom d'Adam. Mais il l'avala malaisément : la pomme s'arrêta dans son gosier; de là, pour sa descendance, une grosseur qu'on nomme la pomme d'Adam. Alors la femme offrit de l'eau à son époux en lui disant : *Ev* (bois) et le nom lui en est resté.

Dans l'après-midi nous entendons le son aigre du biniou et de la bombarde ; guidés par le bruit des instruments nous arrivons à un grand quinconce planté de petits arbres. Au milieu sont assis les deux sonneurs, sonnant à pleins poumons. Devant eux dansent les garçons et les filles de Carhaix.

Les coiffures des femmes, l'expression placide et presque bestiale de leur visage, l'intimité tranquille du paysage, l'accoutrement des gamins qui tiennent à bras le corps les gigantesques paraluies des danseuses, la petite maison dont la porte est surmontée d'un rameau flétri, et où, deux par deux, les danseurs fatigués vont boire des bolées de cidre, tout évoque le souvenir d'un Téniers. C'est la première impression. Mais observez mieux : le souvenir s'efface, l'impression change. Ces femmes trop maigres, au corsage plat et à la démarche lourde, ces hommes petits, rabougris et robustes dansent gravement avec une réserve fière; il n'y a dans leur divertissement rien de la grossièreté des kermesses flamandes. Ce n'est pas un vague besoin de sensualité qui les fait ainsi se trémousser la main dans la main. Ils sont venus à l'appel du biniou, parce que c'est aujourd'hui dimanche, et que, le dimanche, la seule façon de se reposer est pour eux de danser de quatre heures à dix heures du soir. Le mouvement est monotone et lent, l'ordre des figures toujours respecté. La ronde commence ; puis par groupe de deux les danseurs font une sorte de pas de bourrée ; enfin le *jabadao* les réunit tous, c'est une farandole fortement rythmée à coups de talon. Pas un cri ; les femmes sourient à peine. On entend parfois un léger éclat de rire, lorsque biniou et bombarde cessent brusquement leur vacarme sur un temps faible, laissant les danseurs un pied en l'air.

La nuit est venue, la lune illumine la chaîne des danseurs. Sous le couvert du quinconce règne une profonde obscurité, mais pas un couple ne s'égare dans l'ombre... Le mouvement des danses s'est un peu accéléré, mais toujours sans désordre, sans tumulte. Lorsque les sonneurs, las de souffler se reposent, quelques danseurs se mettent à chanter et marquent ainsi la cadence. A dix heures, tout s'arrête et chacun rentre dans sa maison.

Dans le silence et la solitude des rues de Carhaix, la nuit, on croirait marcher entre des portanss de théâtre, et l'on ne songe pas qu'il puisse encore vivre des humains derrière ce décor d'une ville abandonnée.

*
* *

Le Roc'h Goarem-ar-boulc'h.

Nous suivons une de ces larges et vieilles routes qui rayonnent autour de Carhaix : elle se dirige au Sud, vers les Montagnes-Noires. Voici deux heures que nous marchons dans une campagne dénudée, mal cultivée. De distance en distance, au bord du chemin, nous rencontrons une figurine difforme encastrée dans une souche de bois mal équarrie et haute de quatre pieds. Ces monuments primitifs ont été élevés par les paysans aux saints qui les ont secourus dans la détresse.

Les fermes deviennent rares. On aperçoit encore quelques masures où les porcs et les hommes semblent vivre d'assez bonne compagnie. Les paysans qu'on voit dans les champs occupés à récolter le blé noir, ne savent pas un mot de français. Puis plus rien que la lande désolée et les buissons d'ajoncs, pleins d'un bourdonnement d'insectes. Là au milieu de ce désert sur les pentes du Roc'h Goarem-ar-boulc'h, loin, bien loin de tout village, se dresse une grande maison blanche. C'est une école primaire monumentale, construite sur le dernier modèle. D'ailleurs fenêtres et portes sont closes; et sous le soleil éclatant l'école semble dormir du même sommeil que les rochers qui couronnent les montagnes...

La colline est vite gravie. C'est toujours la même harmonie de lignes et de couleurs, la même nature apaisée et pensive, fidèle image de la race bretonne. A chaque pas, sur la lande, on se heurte au granit; de même chez le Breton, sous la résignation des attitudes se retrouve sans cesse l'invincible ténacité du cœur.

Au sommet du Roc'h Goarem-ar-boulc'h, nous avons devant nous les bruyères, puis les carrés de moissons, puis tout le pays de Carhaix fuyant par des ondulations lentes jusqu'aux monts d'Arrée, dont les lignes bleues ferment l'horizon. Le peintre Ségé a fidèlement rendu la couleur et le charme de ces grandes perspectives.

*
* *

Le Huelgoat.

Ce village, situé en plein pays d'Arrée, est une colonie anglaise. On n'y rencontre que clergymens boutonnés, touristes en culottes et bas de laine, babies vêtus de rouge et vieilles ladies munies d'album. Les environs du Huelgoat sont pittoresques, et en cette contrée perdue, la vie est d'un incroyable bon marché.

Au milieu d'une région désolée, couverte de landes et de marais, on ne peut rien imaginer de plus imprévu, de plus séduisant que le Huelgoat. D'un côté un étang vient battre les murailles des maisons du village, de l'autre c'est une admirable forêt. A travers les grands bois de chênes, sous des écroulements de granit roulent des bruits de torrent. Dans ces gouffres Ahès, la fille de Gradlon, faisait précipiter les amants d'un jour dont elle était lasse, et ce sont leurs plaintes qui sortent du chaos des rochers. Ces blocs bizarrement amoncelés, les uns entassés au fond des ravins, les autres arrêtés dans leur dégringolade aux flancs du vallon, offrent des formes étranges et fantastiques. On dirait un troupeau de monstres pétrifié au moment qu'il se reposait parmi les hautes fougères.

Près du Huelgoat on exploitait autrefois d'assez vastes mines de plomb argentifère. Les galeries s'étendaient du Houelgoat à Poullaouen, sur une longueur de dix kilomètres. Depuis plusieurs années l'exploitation a cessé. C'est un sinistre tableau que l'entrée de ces mines abandonnées, les hangars vides et à moitié défoncés les hauts fourneaux déserts, les cendres et les scories entassées, le sol partout brûlé et couvert d'une poussière blanchâtre, les ruisseaux qui servaient au lavage empoisonnés, et, dans cette désolation, pas un bruit, pas un être.

Parmi les plus misérables villages de la Bretagne, le plus misérable est Poullaouen. C'était là que demeuraient presque tous les mineurs. Leurs gains étaient loin d'être aussi considérables que dans les charbonnages du Nord. Les hommes recevaient un franc par jour, les femmes dix sous et les enfants cinq sous; les Bretons s'en contentaient. Le jour où les puits furent abandonnés, ce fut une atroce détresse. Les uns émigrèrent dans le Nord et tentèrent de travailler dans les mines de houille : ils moururent frappés par l'incurable nostalgie du pays natal, ce mal terrible qui consume tant de petits soldats bretons dans les casernes de France. Les autres se mirent à cultiver les champs, mais l'ouvrier revient avec peine à la terre ; puis le sol ingrat est rebelle à ses efforts maladroits...

*
* *

Les monts d'Arrée.

Toujours la désolation de la terre et la misère des hommes. Nous traversons la Feuillée, le dernier village au sud des monts d'Arrée. Les femmes n'y portent même plus le bonnet blanc qui est la seule coquetterie des Bretonnes, ce bonnet qui, de canton en canton, de Guérande à Cancale, passe par mille métamorphoses, tantôt s'élargit, les ailes ouvertes comme une mouette qui prend son vol, tantôt s'échafaude avec des plis imprévus et des tuyautages savants. Les paysannes n'ont ici la tête couverte que d'une cape de laine noire.

L'école de la Feuillée est un beau monument.

Presque tout le territoire de cette commune est couvert par les marais de Saint-Michel. C'est un immense bourbier recouvert d'une croûte assez dure, mais qui cède sous les pas. Sur ces fondrières pousse une petite herbe courte et jaune, au milieu de laquelle apparaissent çà et là des plaques de tourbe noire et des mares d'eau claire. Des lambeaux de brume flottent au-dessus du marécage.

Les marais sont dominés par les sommets des monts d'Arrée. Sur le plus élevé d'entre eux a été bâtie une petite chapelle dédiée à saint Michel : elle est basse, défendue par des entassements de pierres, et soutient l'effort des ouragans. Ici les collines sont si abruptes et si sauvages qu'on se pourrait croire au milieu de véritables montagnes. Par instant des nuages encapuchonnent les sommets. On ne voit plus un arbre, plus même un arbuste. Le tapis de bruyères s'étend à perte de vue sur les monts d'Arrée, çà et là traversé par le ruban d'une grande route qui gravit lentement les pentes. Sur la lande quelques moutons maigres ; sur la route un chemineau qui marche pieds nus, tenant ses souliers d'une main et de l'autre un petit paquet de hardes enveloppées dans un mouchoir...

ANJOU

JOACHIM DU BELLAY

I

LE « PETIT LYRÉ » DE JOACHIM DU BELLAY

---

24 mai 1912.

En passant sur le pont suspendu qui franchit la Loire à Ancenis, et réunit la rive bretonne à la rive angevine, je me répétais l'immortel sonnet de Joachim du Bellay.

> Heureux qui, comme Ulysse, a fait un beau voyage,
> Ou comme cestuy là qui conquit la toison,
> Et puis est retourné, plein d'usage et raison,
> Vivre entre ses parents le reste de son aage !
>
> Quand revoirai-je, hélas, de mon petit village
> Fumer la cheminée, et en quelle saison
> Revoiray-je le clos de ma pauvre maison,
> Qui m'est une province et beaucoup d'avantage.
>
> Plus me plaist le séjour qu'ont basty mes ayeux,
> Que des palais romains le front audacieux,
> Plus que le marbre dur me plaist l'ardoise fine ;
>
> Plus mon Loyre Gaulois, que le Tybre Latin,
> Plus mon petit Lyré, que le mont Palatin,
> Et plus que l'air marin, la doulceur Angevine.

Tout en me redisant ces vers, j'avais sous les yeux le « Loyre Gaulois » reflétant dans ses eaux lentes l'azur pâle d'un ciel d'avril ; je voyais les rives basses où s'alignent les saules et les peupliers, les hauteurs qui ferment l'immense vallée, et où, çà et là, pointe la flèche d'un clocher, tournent les ailes d'un moulin, fume « la cheminée d'un petit village ». En me retournant je pouvais contempler Ancenis montrant au bord du fleuve les grosses tours de son château et les toitures d' « ardoise fine » de ses maisons, et j'apercevais sur la berge l'inopportune statue de ce pauvre du Bellay, dressée face à la Loire, au milieu d'un square sordide, dans le voisinage d'une « décharge publique ». Devant moi, sur la rive gauche, à flanc de coteau, un gentil village étageait ses vergers fleuris et ses blanches maisonnettes : c'était le « petit Lyré », tant aimé et tant regretté du poète.

J'ai gravi la rue montueuse de la petite bourgade ; puis j'ai pris la route qui domine la Loire et suit le bord du plateau, et, à un quart d'heure du village de Lyré, j'ai pénétré dans le domaine de la Turmelière : le jardin et le château sont modernes, mais, au fond du parc, le terrain s'incline brusquement, et, au-dessus d'un ravin boisé, apparaissent les débris du manoir où naquit Joachim.

Des bâtiments, qui furent incendiés en 1793,

il reste seulement trois tours reliées entre elles par une courtine à demi-ruinée. Les murs ébréchés sont partout voilés de lierres et de verdures. Un joli jardin a été tracé à la place où s'élevaient les constructions maintenant disparues.

Au pied de cette terrasse s'élèvent des marronniers et des chênes séculaires qui, à travers leurs opulentes frondaisons, laissent voir une prairie et un ruisseau, au fond d'un étroit vallon. Vers le Midi, de grands labours ondulent doucement. Ce paysage charmant et doux, on le peut rencontrer, à chaque pas, en Anjou et dans quelques provinces de France ; mais on ne peut le rencontrer ailleurs. Pour du Bellay, c'était le visage de sa terre natale ; à cause de cela, il n'y pouvait songer sans larmes, et Rome lui devenait un lieu d'exil.

*
* *

Quand il souhaitait de revoir « le clos de sa pauvre maison », du Bellay était à Rome, depuis plus de trois années, en qualité d'intendant de son cousin, le cardinal Jean du Bellay. Sans doute cette fonction n'était pas dans les goûts du poète :

Je suis né pour la muse, on me fait mesnager.

C'était lui pourtant qui avait désiré ce voyage. « J'aime la poésie, disait-il, mais je n'y suis tant affecté, que facilement je ne m'en retire, si la fortune me veut présenter quelque chose où avecques plus grand fruict je puisse occuper mon esprit. » Et la fortune lui avait présenté la belle occasion d'accompagner le cardinal à Rome où celui-ci allait remplir une mission politique pour le roi de France.

Rome ! quel prestige ce nom devait exercer sur l'imagination d'un disciple de Dorat, d'un ami de Ronsard, d'un poète de la Pléiade ! Et il paraît bien que tout d'abord du Bellay savoura pleinement le bonheur de vivre parmi les monuments témoins de cette antiquité qui avait été l'éducatrice de sa pensée. Il jugeait fastidieux de s'occuper de la maison de son parent ; mais cette maison, c'était les Thermes de Dioclétien : le cardinal venait de les acheter pour en faire son palais et y loger ses collections d'antiques. Poète et humaniste, du Bellay ne put échapper à l'éternel sortilège. Il fut séduit par le charme, subjugué par la grandeur des *Antiquités de Rome* ; il les célébra en vers latins, puis en vers français. Le spectacle des débris de la ville antique lui inspira cet enthousiasme mêlé de mélancolie que Pétrarque avait déjà connu :

> Ny la fureur de la flamme enragée,
> Ny le trenchant du fer victorieux,
> Ny le départ du soldat furieux,
> Qui tant de fois, Rome, t'a saccagée,

> Ny coup sur coup ta fortune changée,
> Ny le ronger des siècles envieux,
> Ny le despit des hommes et des Dieux,
> Ny contre toy ta puissance rangée,
>
> Ny l'esbranler des vents impétueux,
> Ny le débord de ce Dieu tortueux
> Qui tant de fois t'a couvert de son onde,
>
> Ont tellement ton orgueil abbaissé,
> Que la grandeur du rien, qu'ils t'ont laissé,
> Ne fasse encor' émerveiller le monde.

Il traduisit avec tant de force et de vérité le « sentiment des ruines » que tous les voyageurs qui, depuis, vinrent méditer à la même place, n'ont fait que reprendre les thèmes de sa rêverie. Et lui-même s'est rendu justice lorsque, dans un admirable sonnet, il donna cette louange à son luth :

> Vanter te peux, quelque bas que tu sois,
> D'avoir chanté le premier des François
> L'antique honneur du peuple à longue robbe.

Il a donc goûté tous les plaisirs que Rome peut donner à un poète déjà enivré d'antiquité... et d'autres encore.

Il a pour maîtresse Faustine, une brune Romaine dont les cheveux noirs ombragent un front de neige ; des cardinaux la recherchent ; et le poète la surnomme Colombelle à cause de ses baisers. Le mari jaloux enferme Faustine, ce qui oblige du Bellay à se promener dans la rue où il attrape un rhume de cerveau (admirable matière à mettre en vers latins). Mais il offre à Vénus des roses, des violettes et un couple de colombes : sa maîtresse lui est rendue. « C'est un rêve d'humaniste réalisé, observe très finement M. Faguet. Aimer à Rome, une Romaine, en langue latine, en vers latins, avec son âme, avec ses sens, et aussi avec une âme latine, des pensées qui sont des souvenirs, des jeux d'esprit qui sont des réminiscences, des mots et des rythmes qui sont ceux de la vieille Rome, ce n'est plus imiter Catulle, c'est redevenir Catulle, le ressusciter en soi, et non plus jouer avec l'humanisme, mais le vivre. Pour un homme de la Pléiade, il n'y a pas de jouissance plus vive et plus pénétrante. »

Malgré la magnificence des temples, des colonnes et des arcs de triomphe, malgré les prestiges de l'histoire, malgré les baisers de Faustine, le pauvre du Bellay avait le spleen.

A lire ses *Regrets*, on s'aperçoit que les mœurs de la cour et du Sacré-Collège le scandalisaient et le révoltaient ; mais cela seul n'eût pas suffi à le rendre si morose et si malheureux; d'humeur spirituelle et mordante, il traduisait ses indignations en sonnets, et un satirique ne déteste jamais très profondément l'objet de ses satires. Non, la vraie cause de sa tristesse, c'était la nostalgie de la terre natale, le mal du pays. Ses vers d'amour — des vers latins — n'étaient qu'une délicieuse imitation de Catulle ; mais ses vers élégiaques — des vers français — prennent un accent douloureux qui n'est pas simple réminisence des *Tristes* d'Ovide. Un paysage flotte sans cesse dans son souvenir, l'obsède, l'appelle : c'est celui du petit Lyré.

Il aime la Turmelière, d'abord parce que c'est le « séjour qu'ont bâti ses ancêtres » — fierté de gentilhomme — puis il y naquit et y passa son enfance, sa triste enfance ! Il descend d'une ancienne famille d'Anjou, dont la branche cadette, celle des Langey, s'illustra dans les armes et dans l'Église. Il appartient à la branche aînée, moins glorieuse et moins riche. Il a perdu son père et sa mère de très bonne heure : les a-t-il connus ? Un frère aîné lui a servi de tuteur. Ses premières années ont été sevrées de tendresse. On a négligé son instruction, et sa santé est déjà chancelante. Enfin, la vie a dû être sombre dans les vieilles salles du logis féodal... Mais il y avait, tout près, la belle et lumineuse vallée de la Loire, il y avait, au pied du manoir le vallon silencieux, l'eau vive et les grands arbres. Comme Ronsard, il a vécu, dès l'enfance, dans la familiarité de la nature, et son esprit en a gardé une fraîcheur, une naïveté que rien n'altèrera. Dans ses vers, en dépit des allégories et des mythologies, le goût du terroir persiste. C'est en toute sincérité qu'il affirme haïr par-dessus tout « un savoir pédantesque ». Jamais, même quand il imite Pétrarque, Catulle ou Ovide, il n'oublie les premières leçons de poésie que lui donna sa campagne natale, et c'est d'elles qu'il se souvient, lorsque sur la « rive latine », il regrette en pleurant « le plaisant séjour de sa terre angevine ».

Il chérit l'Anjou, et le nom de la douce province revient sans cesse dans ses vers. Il aime à se dire Angevin et — relisez le fameux sonnet — comme il sait en deux mots exprimer tout le charme des villages et des horizons de son pays! « L'ardoise fine », dit-il, et cela suffit à nous faire voir les charmantes toitures de son Anjou, carrées et pointues, en dômes, en bâtières, en flèches et en lanternes, toutes vêtues d'ardoises que les années et le climat nuancent à l'infini. Et ces mots exquis de « douceur angevine », en peut-on rêver qui traduisent plus parfaitement la grâce molle et facile de la vallée de la Loire? Le jour même où j'avais accompli le pèlerinage du « petit Lyré », je me trouvais, à la tombée du jour, sur l'esplanade de Saint-Florent-le-Vieil qui, trois lieues plus haut, domine le cours de la Loire. Je m'étais promené dans cette étrange petite ville pleine des souvenirs des guerres de la Vendée, et où un très beau monument de David d'Angers commémore la clémence de Bonchamps expirant ; maintenant, je contemplais le fleuve moiré par les dernières lueurs du coucher de soleil; je ne songeais plus aux discordes et aux massacres de jadis; invinciblement ma pensée retournait à du Bellay. « Douceur angevine », rien ne saurait mieux rendre la tiédeur du jour finissant, l'or pâle des lumières qui glissent sur les eaux immobiles, le dessin charmant des grandes îles verdoyantes, le mouvement paresseux des coteaux qui se relèvent lentement sur la rive opposée.

Le patriotisme de Joachim du Bellay n'était point simple attachement à sa province natale ; c'était la France qu'il appelait du fond de son exil :

> France, mère des arts, des armes et des loix,
> Tu m'as nourry long temps du laict de ta mamelle :
> Ores, comme un agneau qui sa nourrice appelle
> Je remplis de ton nom les antres et les bois.
> Si tu m'as pour enfant advoné quelque fois,
> Que ne me réponds-tu, maintenant, ô cruelle ?
> France, France, respons à ma triste querelle ;
> Mais nul, sinon Echo, ne respond à ma voix.
> . . . .

Et dans cette *Deffence et illustration de la Langue française*, où Joachim du Bellay s'était plus d'une fois trouvé en contradiction avec sa propre poétique, il y avait du moins un morceau où le cœur du poète s'était épanché librement, c'était la Louange de la France par laquelle il terminait ses exhortations aux écrivains français : « Je ne parlerai ici de la tempérie de l'air, fertilité de la terre, abondance de tous genres de fruits nécessaires pour l'aise et l'entretien de la vie humaine, et autres innumérables commodités que le ciel a élargi à la France... Finalement je ne parlerai de tant de métiers, arts et sciences qui florissent entre nous, comme la musique, peinture, sculpture, architecture et autres, non guère moins que jadis entre les Grecs et les Romains, etc... » Le patriotisme français n'est pas né avec Joachim du Bellay ; mais celui-ci a parlé de la France avec une tendresse et une fierté que nul poète n'avait encore exprimées. Or, il n'est point surprenant qu'un riverain du « Loyre Gaulois » ait été le premier à faire entendre de tels accents. Nulle part la figure de la France n'est plus belle, plus parfaitement française qu'en cette région heureuse. C'est entre Nantes et Orléans que s'est épanouie la fleur du génie français.

Je ne suis pas certain qu'il soit nécessaire d'avoir passé les ponts d'Ancenis et contemplé les ruines de la Turmelière pour compatir au désespoir du pauvre Joachim du Bellay regrettant son village, sa province et sa patrie, le petit Lyré, l'Anjou et la France. Mais c'est honorer un poète que d'écouter la confidence de ses rêves et de ses nostalgies aux lieux mêmes qu'il a chéris et regrettés.

CHATEAU DE SERRANT

II

SERRANT

3 mai 1912.

Le château de Serrant s'élève à quatre lieues d'Angers, entre la rive droite de la Loire et la grande route de Nantes.

Le 11 août 1808, le comte et la comtesse Walsh de Serrant — cette dernière était dame du palais de l'impératrice — attendaient la visite de leurs souverains. Le château était en fête. Les paysans des environs, assemblés dans la cour d'honneur, dansaient sous une pluie battante.

Napoléon et Joséphine, qui venaient de quitter Bayonne, traverser la Vendée et visiter Nantes, regagnaient Paris en hâte pour se trouver dans la capitale le jour de la saint Napoléon. Arrivés à Serrant dans la soirée, ils y furent accueillis avec des transports d'enthousiasme. L'impératrice charma les dames angevines par sa bonne grâce. L'empereur admira le château, s'enquit de la date de sa construction. « Enfin, dit-il, je vois un château en France ; cette architecture me rapelle l'Italie » ; puis il remonta dans sa voiture, et partit pour Angers.

Il est bien probable qu'avant d'avoir vu Serrant, il connaissait déjà quelques autres châteaux de France, et l'on pourrait se demander comment cette architecture-là put lui rappeler l'Italie ; mais, outre qu'on ne doit pas attacher une importance exagérée aux propos de voyage d'un souverain, celui-ci fut-il Napoléon, il ne faut pas oublier que l'empereur avait appris, quelques jours auparavant, la capitulation de Baylen, et que, préoccupé de dissimuler sa colère et ses inquiétudes, il avait peut-être insuffisamment regardé les façades de Serrant.

*
* *

Rien de moins italien que ce grand édifice qui, commencé au XVIe siècle et achevé dans les premières années du XVIIIe, conserve, malgré tout, une physionomie presque féodale, grâce à ses larges fossés et à ses deux énormes tours.

Ce qui le distingue parmi tous les « châteaux de la Loire », c'est la masse grandiose de ses bâtiments. Il n'a ni la grâce parfaite d'Azay-le-Rideau, ni la fantaisie pittoresque de Chenonceaux. Surélevé, agrandi, transformé à des époques diverses, il offre des disparates ; mais comme le souci de la symétrie présida toujours à ces métamorphoses, les architectures d'une majestueuse régularité montrent quelque monotonie et quelque lourdeur.

Il se compose d'un grand corps de logis, flanqué de deux tours et précédé de deux longues ailes. Deux pavillons carrés s'élèvent aux angles de la cour d'honneur. Les fossés, dont les eaux baignent le pied des constructions et entourent l'esplanade, sont les seuls vestiges de la forteresse du moyen âge. Ce sont eux qui ont déterminé le plan du château de plaisance que nous avons maintenant sous les yeux.

Celui-là, fut, dit-on, bâti vers 1545. C'est un élégant édifice de la Renaissance, de cette Renaissance française qui adapta les formes du château gothique aux mœurs modernes, et garda encore les tours et les fossés, derniers restes du vieil appareil de défense, mais multiplia les ouvertures, décora les murailles de pilastres et jeta par terre un des côtés du quadrilatère féodal, afin d'aérer et d'éclairer le nouveau logis. On a attribué Serrant à Philibert Delorme ; mais, dans ses écrits, celui-ci n'en a jamais parlé, et son dernier biographe, M. Clouzot, est muet à ce sujet. Néanmoins, si la date de 1545 est exacte, le château aurait été bâti à l'époque même où Philibert Delorme avait été chargé par le Roi d'inspecter les travaux des ports de Bretagne, et il ne serait pas invraisemblable que les de Brie, seigneurs de Serrant, lui eussent alors confié le soin de leur bâtir un château dans le goût nouveau.

Cet édifice de la Renaissance avait d'abord un seul étage, et au-dessus de la corniche régnait une balustrade. Aujourd'hui le principal corps de logis, les tours, les ailes, sont augmentés d'un étage que surmontent de hautes toitures d'ardoises; au centre de chacune des deux façades principales s'élève un haut fronton supporté par des cariatides; les tours sont coiffées de dômes : tout cela est l'œuvre des Bautru, devenus les maîtres de Serrant en 1636, et porte la marque du temps de Louis XIII. Dans les premières années du xviiie siècle, lorsqu'on voulut bâtir une chapelle à l'extrémité de l'aile droite, on allongea l'aile gauche pour uniformiser les deux constructions. Ce furent aussi les Bautru qui firent élever la porte magnifique dressée comme un petit arc de triomphe à l'entrée du pont jeté sur le fossé.

Les restaurations dont Serrant fut l'objet à la fin du xix[o] siècle, n'ont en rien défiguré les anciennes architectures du côté de la cour d'honneur. Malheureusement, sur la façade opposée, un pont-escalier monumental a été bâti au-dessus du fossé, il conduit du rez-de-chaussée à une vaste terrasse où sont dessinés des parterres, — malencontreuse adjonction qui altère le caractère de l'édifice et lui donne je ne sais quoi d'emphatique et de théâtral. Quel dommage ! De ce côté, un bel étang, des prairies, des chênes séculaires forment une douce et agreste perspective. Entre le château et le délicieux paysage, ces pompes architecturales sont importunes : elles gâtent les dehors du bâtiment, et s'accordent peu avec la grâce de la campagne.

L'intérieur a été, de nos jours, orné avec goût et magnificence ; dans chaque appartement, décor et mobilier d'autrefois s'harmonisent agréablement ; de précieuses tapisseries couvrent les murailles. Les aménagements modernes ont laissé subsister un grand salon qui conserve encore ses parquets et ses plafonds anciens, ainsi qu'un admirable escalier de la Renaissance, à rampe droite, dont la voûte en berceau présente, dans des caissons sculptés, les armes des divers seigneurs de Serrant.

L'aile droite renferme une chapelle funéraire qu'une tradition attribue à Hardouin-Mansart ; les proportions en sont si justes qu'il est impossible de ne pas reconnaître dans cette construction parfaite la main d'un grand architecte. Là s'élève le mausolée du marquis et de la marquise de Vaubrun, un des chefs-d'œuvre, peut-être le chef-d'œuvre de Coysevox... Mais, avant de décrire ce magnifique monument, je dirai quelques mots des Bautru, famille à laquelle appartenait Vaubrun et qui, pendant un siècle (1636-1730), posséda Serrant, ce sera, d'ailleurs, l'occasion d'évoquer ici quelques figures originales, et de réveiller l'âme endormie des vieilles pierres un peu trop restaurées.

* * *

Des de Brie, les constructeurs du château de la Renaissance, Serrant ne passa pas directement aux Bautru. Durant les premières années du XVIIᵉ siècle il appartint au banquier Scipion Sardini[1], puis aux Rohan-Montbazon. Guillaume de Bautru l'acquit en 1636.

Ces Bautru étaient des bourgeois, angevins au dire de Ménage, tourangeaux au dire de Saint-Simon ; mais là-dessus mieux vaut s'en rapporter à Ménage, leur compatriote et leur ami. Celui qui acheta Serrant s'appelait Guillaume II de Bautru. Son père, Guillaume Iᵉʳ avait commencé la fortune de la famille et anobli le nom. Mais le premier dont s'occupa la chronique fut Guillaume II : elle s'en est beaucoup occupée.

1. Le même s'était fait construire une très belle maison (aujourd'hui boulangerie des hôpitaux) à Paris, dans le faubourg Saint-Marcel.

Ils étaient deux frères : Guillaume de Serrant, et Nicolas de Nogent, célèbres par leur esprit. On accordait au premier plus de finesse, au second plus de bouffonnerie. Comme l'un et l'autre raillèrent beaucoup leurs contemporains, ceux-ci le leur rendirent avec usure.

Les plus déshonorantes histoires coururent sur le compte de Guillaume. Sa femme l'ayant trompé avec son valet, il se serait vengé de ce dernier en lui infligeant un traitement d'une affreuse cruauté ; c'est Tallemant qui le raconte, et il ajoute que ce Sganarelle, pour prévenir les plaisanteries, ne perdait pas une occasion d'afficher sa disgrâce. Il aurait reçu aussi force coups de bâton de ceux que sa verve avait égratignés, et, un jour, s'étant présenté devant la reine, appuyé sur une canne : « Avez-vous la goutte, lui dit-elle. — Non madame. — C'est, dit le prince de Guémenée, qu'il porte le bâton comme Saint-Laurent porte son gril ; c'est la marque de son martyre. »

Il était l'ami de Ménage, et ses bons mots furent recueillis dans le *Menagiana*. La plupart nous stupéfient aujourd'hui par leur grossièreté ou leur niaiserie ; mais que dira-t-on dans trois siècles de nos faiseurs de bons mots ? Je cite seulement, parce qu'il n'est pas tout à fait émoussé, ce trait décoché à une fille d'honneur de la reine-mère, qui faisait la prude : « Vous n'êtes pas trop mal fine avec votre sévérité. Vous avez si bien fait que vous pourrez, quand vous voudrez, vous divertir deux ans sans qu'on vous soupçonne. »... Qu'on me dispense de donner ici d'autres échantillons de l'esprit des Bautru.

Ce farceur de profession était poète à ses heures ; il rima contre le duc de Rohan Montbazon, celui qui lui vendit Serrant, une satire en vers intitulée *l'Onosandre* ou *la Croyance du grossier*, et fut de l'Académie française.

Il mérita la faveur de Richelieu, qui le chargea de diverses missions en Espagne et en Flandre, et le fit « conducteur des ambassadeurs ». Mazarin lui ayant témoigné la même confiance, il devint conseiller du roi et intendant de Touraine. On a dit qu'il dut ces charges à l'impudence de ses flagorneries et au cynisme avec lequel il couvrait de brocards les courtisans déjà discrédités dans l'esprit des ministres. On a peine à croire cependant qu'un simple bouffon de cour ait pu faire une fortune aussi éclatante... Il avait, sans doute, quelques qualités dont Tallemant n'a rien dit.

Ce fut Guillaume II qui commença la transformation de Serrant. Son fils Guillaume III la continua et l'acheva.

Celui-ci accrut encore le patrimoine des Bautru. Conseiller au Parlement, puis intendant de justice, police et finances à Tours, il se retira dans son château en 1655, y conclut un mariage secret, et de sa vie, qui fut longue, — il mourut octogénaire — ne quitta plus l'Anjou. C'était un bel esprit ; mais, plus modeste que son père, il se contenta d'être membre de l'Académie d'Angers.

Il n'avait qu'une fille, Marguerite-Thérèse ; elle épousa son oncle à la mode de Bretagne, le marquis de Vaubrun, fils de Nicolas Bautru. Ce dernier avait eu plusieurs enfants, une fille bossue, joueuse et débauchée, dont Saint-Simon a tracé le portrait le plus répugnant, et trois fils, dont Vaubrun fut le plus célèbre.

*
* *

Le 27 juillet 1675, Turenne est tué devant Sasbach.

Chez les Impériaux éclatent des cris de joie, des concerts de trompettes et de timbales. L'armée du roi est consternée. « Tout le camp demeure immobile », dit Fléchier. Puis bientôt des voix s'élèvent qui réclament la marche en avant. Les soldats veulent venger leur *père :* » Lâchez la pie, disent-ils (c'était la jument favorite de Turenne), elle saura bien nous conduire à la victoire. » Mais les chefs sont divisés. Deux hommes revendiquent le commandement : le comte de Lorges, neveu de

Turenne, et le marquis de Vaubrun. Tous deux ont le grade de lieutenant-général, mais de Lorges est le plus ancien de deux années. Vaubrun est un homme de guerre très brave, très actif. Il est entré au service en 1653 ; pourvu d'un régiment en 1656, il a été gouverneur de Philippeville en Hainaut, envoyé extraordinaire à Berlin, en Suède, à Mayence, en Wurtemberg ; il s'est distingué en Hollande sous le maréchal de Rochefort, et enfin il a fait campagne en Alsace sous les ordres de Turenne. Il est d'humeur hautaine et jalouse, sûr de la faveur de Louvois dont on sait l'inimitié contre Turenne et les siens.

Quelques jours auparavant, Vaubrun a été blessé au pied d'un coup de mousquet. Il se fait porter dans sa chaise au conseil de guerre que tiennent les lieutenants de Turenne. Là, il prétend qu'en vertu d'un roulement, c'est à lui que revient désormais la conduite de l'armée ; il veut qu'on donne la bataille. Lesdiguières et Boufflers lui résistent. Son avis est repoussé. De Lorges prend le commandement des forces françaises, et il est décidé que l'armée retournera en Alsace ; c'est d'ailleurs se conformer à la pensée de Turenne lui-même qui, la veille de sa mort, reconnaissait la nécessité de repasser le Rhin.

Les deux armées demeurent deux jours en présence, échangent quelques coups de canon, sans en venir aux mains. De Lorges organise la

TOMBEAU DU MARQUIS DE VAUBRUN
par Coysevox.

retraite. Les troupes se replient avec leurs bagages et se dirigent, sans être inquiétées, vers les ponts d'Altenheim ; mais le 1er août, au moment où elles passent la petite rivière de la Schutter, elles sont vivement attaquées par Montecuculli. De Lorges fait front. Cependant, contre ses ordres, Vaubrun a déjà jeté une partie de l'armée sur la rive gauche. Les Français vont être coupés. Alors Vaubrun comprend sa faute, ramène ses régiments sur la rive droite, et, s'étant fait attacher sa jambe blessée sur l'arçon de la selle, charge à leur tête. Il est tué d'une balle au front ; mais la bataille est gagnée. Le soir, les Impériaux s'éloignent, laissant sur les bords de la Schutter trois mille des leurs, sept canons et des drapeaux. L'armée du roi franchit les ponts d'Altenheim, et se prépare à défendre la Haute-Alsace. Turenne est vengé, et Vaubrun a conjuré par son héroïsme le désastre qu'il a failli provoquer par son indiscipline.

Voilà l'exploit que commémore le monument funèbre sculpté par Coysevox pour la chapelle de Serrant. En même temps que le courage de Vaubrun, il éternise la douleur de sa veuve. Celle-ci fut « prête à devenir folle », lorsqu'elle apprit la mort de son mari, et Mme de Sévigné raconte qu'un an plus tard elle était toujours « dans son premier désespoir ».

Sur un sarcophage de marbre, Vaubrun est à demi-couché, tenant le bâton de commandement. Il est vêtu à la romaine et coiffé d'une perruque ; mais de cet accoutrement de tragédie on n'a ici nulle envie de sourire : il y a tant de naturel dans l'abandon du corps défaillant ! le beau visage du héros mourant exprime une si noble résignation ! En face de lui, la tête couverte d'un long voile, sa femme le regarde en pleurant, et c'est une des plus belles images de la douleur que la statuaire ait jamais réalisée. Au-dessus de la tombe s'élève une Victoire ailée, légère et charmante, qui d'une main tend une couronne et de l'autre brandit un trophée d'armes. Le sarcophage est décoré d'un admirable bas-relief en plomb doré, représentant Vaubrun qui charge à la tête de ses cavaliers, tous costumés à l'antique, et les Germains qui s'enfuient en désordre sur l'autre rive de la Schutter.

Je ne connais aucun ouvrage de Coysevox qui l'emporte sur celui-là par l'art de la composition, la magnificence des draperies, l'émouvante et simple vérité des attitudes. « Ce monument, disait le jurisconsulte angevin Pocquet de Livonière, vaut qu'on s'écarte de dix lieues pour le venir voir. » Je communique cet excellent conseil à tous les promeneurs qui vont flâner sur les bords de la Loire.

*
* *

Le marquis de Vaubrun avait laissé trois enfants, deux filles, l'une qui épousa le duc d'Estrées et hérita de Serrant après la mort de son grand-père, l'autre à laquelle il advint une fâcheuse mésaventure, et un fils difforme qui fut abbé.

La mésaventure de Mlle de Vaubrun divertit Paris, au printemps de 1689 : cette jeune fille de dix-sept ans se fit enlever par un veuf de soixante ans, M. de Béthune, surnommé *Cassepot*. L'historiette a été si joliment et si rapidement contée par Mme de Sévigné qu'il est impossible de ne pas citer la lettre même :

« Ecoutez un peu ceci, ma bonne. Connaissez-vous M. de Béthune, le berger extravagant de Fontainebleau, autrement *Cassepot*? Savez-vous comme il est fait? grand, maigre, un air de fou, sec, pâle ; enfin, comme un vrai *stratagème*. Tel que le voilà, il logeait à l'hôtel de Lyonne avec le duc, la duchesse d'Estrées, Mme de Vaubrun et Mlle de Vaubrun. Cette dernière alla, il y a deux mois, à Sainte-Marie du faubourg Saint-Germain; on crut que c'était le bonheur de sa sœur qui faisait cette religieuse et qu'elle aurait tout le bien. Savez-vous ce que faisait ce *Cassepot* à l'hôtel de Lyonne? L'amour, ma bonne, l'amour avec Mlle de Vaubrun : tel que je vous le figure, elle l'aimait. Benserade dirait là-dessus, comme de Mme de Ventadour qui aimait son mari : « Tant mieux, si elle aime celui-là, elle en aimera bien un autre. » Cette petite fille de dix-sept ans a donc bien aimé ce Don Quichotte ; et hier, il alla, avec cinq ou six gardes de M. de Gèvres, enfoncer la grille du couvent avec une bûche et des coups redoublés ; il entre avec un homme à lui dans ce couvent, trouve Mlle de Vaubrun qui l'attendait, la prend, l'emporte, la met dans un carrosse, l'amène chez M. de Gèvres, fait un mariage sur la croix de l'épée, couche avec elle ; et le matin, dès la pointe du jour, ils sont disparus tous les deux, et on ne les a pas encore trouvés. En vérité, c'est là qu'on peut dire encore :

Agnès et le corps mort s'en sont allés ensemble.

Le duc d'Estrées crie qu'il a violé les droits de l'hospitalité. Mme de Vaubrun veut lui faire couper la tête. M. de Gèvres dit qu'il ne savoit pas que ce fût Mlle de Vaubrun. Tous les Béthune font quelque semblant d'empêcher qu'on ne fasse le procès à leur sang... »

Cassepot se sauva. Quant à Mlle de Vaubrun, on l'enferma aux Annonciades de Saint-Denis, où, ensuite, elle fit profession.

Et voici enfin l'abbé de Vaubrun avec qui s'éteint — sans gloire, — la lignée des Bautru. Il a de l'esprit comme tous les Bautru, mais un esprit, dit Saint-Simon, tout « tourné à la tracasserie et à l'intrigue ». Il est nain, la tête énorme, les jambes courtes, tortues et inégales, « un vilain et dangereux escargot ». Sa figure ne l'empêche point « d'attaquer les dames ». Il est fou d'ambition, et, toute sa vie, dévoré de la rage d'être évêque.

Grâce à son beau-père, le duc d'Estrées, il obtient la charge de lecteur du roi. Puis il fait la cour aux Bouillon, et le cardinal l'emmène à Rome pour lui servir d'espion ; mais ses allures déplaisent au roi : il est « chassé d'un coup de pied », et, le 9 mai 1700, une lettre de cachet l'exile à Serrant. Il y retrouve sa mère et son grand'père, le vieux Guillaume Bautru, qui agonise lentement, rongé par une sorte de lèpre. Que de tares physiologiques dans cette famille !

Il demeure dix années à Serrant. C'est seulement en 1710 qu'il obtient de venir saluer le roi à Versailles. Il s'attache alors à la fortune du duc et de la duchesse du Maine ; mais personne ne prend au sérieux ce diseur de nouvelles et de compliments ; c'est le « sublime du frivole », dit la duchesse du Maine ; et Mme du Deffand trace de lui ce portrait : « Personne ne tourne avec plus de galanterie une fadeur, personne ne connaît mieux le prix de la considération qui est attachée à vivre avec les gens en place, ou illustres par leur naissance. Il est très empressé pour ses amis ; il ne manque à aucun devoir avec eux. On le voit assister à leur agonie avec le même plaisir qu'il avait assisté à leurs succès. Il n'a point une délicatesse gênante : il se contente de l'apparence ; et il est plus flatté des marques publiques de considération que de l'estime véritable. »

Vaubrun ne fut jamais évêque, il dut se contenter de quelques abbayes parmi lesquelles celle de Saint-Georges-sur-Loire. Le bourg de Saint-Georges est à un quart de lieue de Serrant.

J'ai vu l'abbaye du « vilain et dangereux escargot ». C'est un vieux bâtiment du temps de Louis XII, surmonté d'une belle toiture en ardoises. Devant la façade s'étend une charmante terrasse parée de lilas en fleurs, d'où le regard embrasse l'immense vallée de la Loire ; les lointaines collines de la rive gauche forment l'horizon de ce vaste et paisible paysage : tout respire ici la « douceur angevine ».

*
* *

En 1730, Madeleine-Diane de Bautru, duchesse d'Estrées, vendit Serrant à Jacques de

Walsh. Celui-ci était le petit-fils d'un capitaine de la marine anglaise qui avait transporté le roi Jacques en France. Quinze ans plus tard, un Walsh fréta un navire pour seconder l'expédition de Charles-Edouard. Cette famille de jacobites, devenue française, demeura à Serrant pendant les XVIII et XIXe siècles. Le domaine passa ensuite au duc de La Trémoille, héritier des Walsh. C'est lui qui a remis les constructions, les jardins et le parc dans l'état où on les voit aujourd'hui.

POITOU

Cliché Robuchon.

FONTENAY-LE-COMTE
Château de Terre-Neuve.

I

FONTENAY-LE-COMTE

4 octobre 1912.

Il est assez désolant, le premier aspect de cette sous-préfecture coupée en deux par une route nationale. L'automobiliste la traverse avec la joie de ne point ralentir, et l'allégresse de brûler sans scrupule une si fastidieuse bourgade... Fontenay n'en est pas moins une de ces petites villes gracieuses, élégantes et parfumées d'histoire, qui sont la vraie parure de la France. Elle ne montre pas tout de suite aux passants son visage avenant et expressif, comme le font Senlis ou Chinon. Pour sentir la séduction de la petite cité vendéenne, il faut s'arrêter un instant, pénétrer dans les vieux quartiers, jeter un coup d'œil sur les vieux logis et les vieux parcs.

Comme ses sœurs de Touraine et de l'Ile de France, elle a subi les outrages des stupides amis du progrès : sa plus jolie place qu'enferment des façades de la Renaissance, vient d'être ornée d'une lamentable Caisse d'épargne, et les trois petites arches de pierres du délicieux pont des Sardines ont été remplacées par une chose en ciment armé que décorent des balustres informes... Mais, si malfaisants qu'ils soient, nos contemporains n'ont pu encore ni ruiner l'œuvre exquise de leurs ancêtres, ni anéantir tous les dons que leur a prodigués une nature indulgente. Fontenay tient son charme de ses jolies maisons sculptées, et aussi de son site, de ses jardins, de sa lumière. C'est ici déjà la grâce du paysage neustrien. La Loire passée, commence un monde nouveau : le jour est plus limpide et plus vibrant; la fine et mélancolique ardoise de l'Anjou a disparu; partout des tuiles roses et cendrées couvrent les toitures presque plates. Des lauriers, des buis, des pins et des cyprès peuplent les jardins. Le climat est plus doux, le soleil plus généreux.

*
* *

L'église Notre-Dame dresse son haut et svelte clocher au-dessus de Fontenay. Une petite ville est sans beauté, si un maître édifice ne la domine et ne l'ordonne ; nulle architecture ne remplit mieux cet office que le clocher d'une église gothique. La flèche de Fontenay repose sur une belle tour carrée, entre quatre clochetons angulaires. Elle fut restaurée, en 1700, par un architecte habile nommé François Leduc de Toscane : en ce temps-là les traditions de l'art du moyen âge étaient perdues, et on remarque quelque sécheresse dans les parties de la construction qui furent refaites alors ; mais les proportions ont été respectées, et ces proportions étaient d'une merveilleuse justesse ; l'œuvre primitive qu'avaient édifiée, au XVIe siècle, Sylvestre Ernaut et Guillaume Mercier, deux maçons de Fontenay, n'a pas été altérée. L'église que surmonte cette magnifique pyramide de pierre est un beau monument : un de ses portails de style flamboyant, offre dans ses voussures de délicates statuettes des Vierges sages et des Vierges folles ; elle renferme de jolies chapelles de la Renaissance ; mais ses voûtes, qui, après les guerres de religion, tombaient en ruine, ont été maladroitement rebâties au XVIIe siècle. L'admirable clocher reste la vraie gloire de Fontenay.

La vieille ville a perdu ses murailles, il en subsiste seulement quelques vestiges perdus dans des jardins ; mais elle a gardé la plupart de ses rues irrégulières et de ses exquises maisons d'autrefois. La jolie suite de tableaux ! Sur la rive de la Vendée, de vieux et pauvres logis bâtis sur l'ancien rempart présentent leurs jardinets en terrasse.

Dans l'intérieur de la ville, voici la place Belliard, celle où l'on achève de construire une effroyable Caisse d'épargne, comme s'il ne suffisait pas de l'avoir ornée d'une colonne superflue que surmonte le buste du général Belliard : cinq maisons à pignons bordent un des côtés de cette place ; deux ont conservé leurs vieux porches du temps de Henri III. La plus jolie de ces maisons fut celle de Jean Morison, l'architecte du petit château de Terre-Neuve où nous irons tout à l'heure ; la façade porte de délicates sculptures et cette belle devise « Peu et Paix » ; dans le fronton l'on voit une niche d'où sort un architecte un compas à la main, une banderole s'enroule autour de son corps, et une Victoire le couronne.

Dans les rues qui ont, presque toutes, conservé leurs dénominations anciennes, (Grande-Rue, rue du Pont-aux-Chèvres, rue du Minage, rue de la Tuée, rue du Puits-de-la-Vau, etc.), les maisons ont gardé quelque chose de leur décor du moyen âge ou de la Renaissance. On voit, dans les cours, des puits et des tourelles. Des lucarnes sortent des toitures. Des cartouches sculptés apparaissent aux voûtes des couloirs. De délicats rinceaux encadrent les fenêtres. Les trois ordres classiques décorent une petite façade harmonieuse et parfaite. Le Laocoon, Diane et Hercule surmontent l'entablement d'une lourde porte Louis XIII. Dans les faubourgs qui s'étendent au midi et au levant de la ville on peut encore découvrir des sculptures à demi cachées sous les feuillages des vignes qui ont envahi les dehors des vieilles demeures.

Le château dont Du Guesclin s'empara et qui subit tant d'assauts pendant les guerres de religion, est ruiné depuis trois siècles. Il n'en reste plus aujourd'hui que des débris au milieu d'un parc touffu, poussé dans les douves et sur les glacis de l'ancienne forteresse. Un ouvrage avancé, bâti au XVIe siècle, défendait le château et la ville vers le nord-ouest : il a été détruit comme le reste des fortifications ; mais son ancienne plate forme fait maintenant partie d'un admirable jardin, et, de ce belvédère, Fontenay apparaît dans tout son charme et toute son originalité. L'église et sa flèche se dressent en plein ciel. Sur le petit coteau, le long des rues sinueuses, les maisons montrent leurs pâles toitures et leurs jardinets fleuris. Cependant, en ce lieu, l'apparition d'un clocher gothique semble presque paradoxale, car autour de soi l'on ne voit que de grands cyprès, des massifs de lauriers et des pins superbes, pareils à ceux d'une villa italienne.

Au pied du château jaillit la fontaine à laquelle la ville doit son nom. Un délicat monument l'abrite. Il fut construit et sculpté de 1542 à 1543 par Lienard de la Réau. C'est une grande arcade surmontée d'un fronton triangulaire : deux colonnes doriques supportent sa voussure en anse de panier. De nombreuses restaurations que signalent de nombreuses inscriptions (la dernière est de 1898) n'ont pu altérer l'élégance de cet édicule exquis, destiné à commémorer l'honneur que François Ier fit à Fontenay, lorsqu'il lui donna cette devise : *Felicium ingeniorum fons et scaturigo*. Ces mots gravés sur le monument même sont le charmant blason de la ville. Toutes les jolies architectures que nous avons déjà rencontrées sur notre chemin, nous en ont averti, Fontenay fut un des foyers de la Renaissance française.

*
* *

Étrange destinée de cette petite ville où la flamme s'est brusquement allumée, a brillé pendant un siècle, puis s'est éteinte ! Elle a produit des poètes comme Rapin, des jurisconsultes comme Barnabé Brisson, des médecins comme Brissot, un mathématicien de génie, Viète, l'inventeur des signes algébriques. C'est elle qui a formé le génie de Rabelais.

Dans le faubourg de Saint-Martin, sur la pente du coteau au pied duquel coule la Vendée, il y avait, depuis 1321, un couvent de Cordeliers. Aujourd'hui, il en subsiste, dit-on, quelques substructions et un pan de mur : je n'ai pu les découvrir. En 1448, un des Cordeliers de Fontenay fut brûlé vif comme fauteur d'hérésie. Soixante ans plus tard, Rabelais était moine dans le même monastère, et y recevait les leçons de Pierre Lamy qui, lui aussi, fut un hérétique.

« Je n'ai jamais vu de mœurs plus pures que les siennes, nul givre ne les altérait. » C'était ainsi qu'Erasme louait Pierre Lamy. Ce Cordelier qui était un parfait helléniste, apprit le grec à Rabelais ; mais là ne dut point se borner son enseignement, car un jour il quitta le couvent de Fontenay, il était en relations avec tous les précurseurs de la Réforme.

Lamy, Rabelais, André Tiraqueau, « le bon, le sage, le tout humain, tout débonnaire André Tiraqueau », et quelques autres Fontenaisiens formaient une sorte de cénacle. Un « bosquet de lauriers » abritait les entretiens de ces platoniciens.

Quelle influence exercèrent sur l'esprit et l'œuvre de Rabelais ces amis de jeunesse, les érudits de la *Revue des études rabelaisiennes* nous l'ont fait pressentir. Mais il n'existe encore aucune étude sur le cénacle de Fontenay. Le savant Benjamin Fillon a passé sa vie à amasser les matériaux de cet ouvrage qu'il n'a jamais écrit. A Fontenay, personne n'a recueilli sa succession... Ce n'est pas un passant qui peut songer à une telle entreprise ; aussi, pour commenter la devise inscrite sur la fontaine de Liénard de la Réau, je me contenterai d'évoquer la figure du gentil poète Nicolas Rapin. Le manoir qu'il fit bâtir est encore debout : c'est la plus jolie maison de Fontenay. Il a écrit en latin, mais aussi en français ; on pourra donc juger s'il fut en réalité un des « heureux esprits » qui valurent à son pays le compliment de François Ier.

*
* *

Nicolas Rapin est né, en 1535, à Fontenay, où son père était procureur et receveur des tailles. Il étudia le droit à Poitiers où il fit la connaissance de Louis et de Scévole de Sainte-Marthe. Il se maria à trente ans et eut neuf enfants. La Providence bénissait les Fontenaisiens. André Tiraqueau, le jurisconsulte, fut père trente fois.

Les muses ne sourirent à Nicolas Rapin que lorsqu'il eut passé la quarantaine. Les temps étaient troublés : il fallait guerroyer et défendre la ville contre les coups de main des protestants et des pillards. Rapin était alors vice-sénéchal de Fontenay. Mais en 1579, il fut à

PORTRAIT DE NICOLAS RAPIN
(Appartenant à Mme Charier-Fillon.)

Poitiers pour les « grands jours », et trouva l'occasion d'y montrer son talent poétique.

Il y avait alors à Poitiers une dame Desroches qui tenait bureau d'esprit. Sa fille Catherine la secondait, et, comme pour se donner tout entière aux lettres elle repoussait les prétendants, ceux-ci l'appelaient *difficilis rupella*. Les magistrats venus de Paris pour les grands jours se mêlèrent aux poètes poitevins qui entouraient Mme et Mlle Desroches. On voyait chez elles Etienne Pasquier, le président Achille de Harlay, Scaliger, Scévole de Sainte-Marthe, Nicolas Rapin et beaucoup d'autres. Un jour, Etienne Pasquier aperçut une puce sur la gorge de Mlle Desroches : « Voilà, dit-il, qui mériterait d'être enchâssé dans nos papiers. » Et tous de faire des vers sur la « petite bestiole » en latin, en français, en grec, en italien et en espagnol. Mlle Desroches elle-même se mit de la partie. Quant à Rapin, non content d'avoir écrit *la Puce*, il écrivit *la Contre-Puce*. Son talent émerveilla le président de Harlay qui, là-dessus, le fit venir à Paris et lui obtint une charge de lieutenant criminel de robe courte. Temps heureux où de si brèves poésies méritaient de si grandes faveurs !

Malheureusement ces faveurs étaient précaires. La Ligue enleva à Rapin sa place pour la donner à un autre qui n'était point poète. Et le pauvre Poitevin dut quitter Paris, *conjuge cum cara pignoribusque novem.*

Henri III, qui avait apprécié son dévouement, le nomma général des armées du roi en Poitou, mais les troupes furent licenciées avant que le prévôt ne les ait rejointes. Après la mort d'Henri III, Rapin s'attacha au parti de Henri IV, se battit à Ivry, fit des vers sur la victoire du roi, prit part au siège de Paris où un de ses fils fut tué, et collabora à la *Satire Ménippée.* Prévôt-général du camp et des armées du roi, puis prévôt de la connétablie, il fut employé par Henri IV à des missions qui réclamaient bravoure et adresse. En 1606, il résigna ses fonctions en faveur de son second fils, et se retira à Fontenay, dans son petit château de Terre-Neuve.

Ce petit château n'a pas été démoli. C'était une simple métairie que Rapin avait achetée à son beau-frère pour la somme de 400 écus. Comme elle avait été incendiée en 1587 par les soldats du roi de Navarre, il la fit rebâtir par l'architecte Jean Morison. Le logis primitif fut reconstruit, mais des tourelles en encorbellement flanquèrent les angles du pignon, et une aile en retour d'équerre fut ajoutée au bâtiment ; elle présentait au rez-de-chaussée des porches pareils à ceux qui s'ouvraient sur la place de la ville. Sur un portail crénelé par où l'on pénétrait dans la cour de sa demeure, le poète inscrivit ces vers :

> *Vents soufflez en toute saison*
> *Un bon air en cette maison.*
> *Que jamais ni fièvre ni peste*
> *Ni les maux qui viennent d'excez,*
> *Envie, querelle ou procez,*
> *Ceux qui s'y tiendront ne moleste.*

et une sentence grecque : *Qu'elle soit à l'abri de la foudre.*

Sur une petite porte cintrée, il avait inscrit cette autre maxime, toujours en grec : *Je préfère le repos aux honneurs.*

La maison demeura à peu près dans l'état où Rapin l'avait laissée jusqu'en 1840. Elle devint alors la propriété d'un aquafortiste, M. O. de Rochebrune, qui se mit en tête de la restaurer et d'en faire un « musée ». Il refit les pignons « dans le style », changea de place les inscriptions et conçut l'étrange pensée de faire servir à l'ornement de Terre-Neuve toutes les sculptures qu'il avait enlevées du château de Coulonges-sur-Autize. On plaça dans le petit manoir de Rapin des plafonds à caissons, des cheminées sculptées, un porche et même un escalier provenant de cette magnifique résidence construite en 1550 par Louis d'Estissac, grand officier de la couronne. Il y a un demi-siècle, cette façon de bric-à-brac et de rafistolage semblait naturelle à tout le monde, et je crains qu'il ne se trouve encore aujourd'hui des « amateurs éclairés » pour admirer... et imiter ces ingénieuses appropriations.

Malgré les « embellissements », malgré les mutilations et les adjonctions, le souvenir de Rapin vit encore dans la maison de Terre-Neuve. Jean Morison froncerait le sourcil s'il voyait comment on a accommodé son ouvrage, Nicolas Rapin serait ébahi de se trouver si somptueusement logé ; mais il reste encore ici quelques vieilles pierres pour suggérer la vision du passé. Les inscriptions grecques datent l'édifice. Puis, de la terrasse du château, nous avons devant nous le même paysage auquel Rapin demandait le calme, la sagesse et l'inspiration : la ville toute proche, le clocher de Notre-Dame, les douces prairies où coule la Vendée. C'est peu de chose, ce site sans pittoresque, mais ses lignes harmonieuses suggèrent le désir d'une vie tranquille et modérée ; invinciblement nous revient en mémoire la devise de l'architecte Morison : « Peu et paix ».

Pour illustrer l'aimable paysage de Terre-Neuve et faire goûter le talent poétique de Rapin, je citerai quelques vers d'une satire où il a librement traduit celle d'Horace : *Hoc erat in votis*. Ni en latin, ni en français, Rapin ne fut un poète très original ; en français, comme en latin, il a presque toujours imité soit Ovide, soit Martial, soit Horace. Il a écrit des « vers mesurés » à la façon de Baïf; mais cette tentative d'asservir notre poésie aux règles de la métrique ancienne était vouée à un échec certain. Ses vers mesurés sont détestables. Il réussit mieux dans le vers régulier. Voici comment il adapte Horace aux circonstances de sa vie; car jamais les poètes du XVIe siècle n'ont consenti à traduire servilement les anciens. Comme les autres, Rapin transpose le texte : c'est Horace en Bas-Poitou, sous Henri IV. Enfin, pour excuser ces citations peut-être un peu longues, je ferai remarquer que ces vers sont quasi inédits : on ne les a, je crois, jamais réimprimés depuis l'édition qu'en donna, après la mort de Nicolas Rapin, sa nièce Suzanne Callier.

> C'estoit cecy que j'aurois désiré,
> Un coing de terre hors du bruict retiré,
> Basty aux champs, de closture moyenne,
> Au pied du quel y eust une fontaine
> De vive source, et un bois au dessus.
> Dieu m'a donné quelque chose de plus,
> Me voilà bien; je n'ai plus d'autre envie
> Que voir la paix ce reste de ma vie,
> Pour ne voir plus un soldat estranger
> A tous propos nos maisons sacager.

. . . .

Rapin se rappelle l'incendie de Terre-Neuve.

Un peu plus loin, il célèbre le calme qu'il goûte dans sa retraite : là encore quelques jolis traits qui ne sont point dans Horace :

> Quand je séjourne en ce doux hermitage
> Où je laboure un petit héritage,
> Loing de la ville et loing des bruicts divers,
> J'ay tout loisir de composer des vers,
> Car je ne sens la curieuse envie
> Des nouveautez qui troublent nostre vie.
> L'ambition ne corrompt mes desseins ;
> Les vents de pluye et d'automne mal sains
> Qui font gaigner les crieurs et les prestres,
> Ne viennent point esbranler mes fenestres.

Un procès l'oblige à quitter Fontenay; il vient solliciter à Paris.

> Fâcheux procès ennemy du bon temps,
> Qui entretient les fols et mal contents,
> Les uns d'espoir et les autres de rancune,
> Pourquoi viens-tu corrompre ma fortune
> Et m'arracher de cet heureux loisir,
> Me contraignant voyager sans plaisir
> Jusqu'à Paris, et ça pour peu de chose
> Solliciter une meschante cause ?
> Quand je suis là plaidant, je ne dors point,
> Je suis sur pied dès lors que le jour point ;
> Et, quel que brume ou mauvais temps qu'il fasse,
> Il faut aller à la pluye, à la glace,
> Tantost au Louvre et tantost au Palais,
> Accompagner les coches et mulets ;
> Il faut pousser, il faut fendre la presse
> Et quereller le premier qui me presse,
> Heurter celuy qui va trop lentement :
> « Marche coquin, avance vistement ;

Qui est ce fol qui sur chacun se rue ?
Ce crocheteur tiendra toute la rue ? »
Si quelque part j'oy dix heures sonner,
Puisque tu veux estre à temps pour disner,
(Dis-je à part moy), il est temps que tu bouges,
Ton Président se tient aux Enfants rouges !
M'acheminant je trouve sur le pont
Cent importuns qui retarder me font :
L'un m'entretient de son procez et pense
Que je luy puis faire avoir audience,
L'autre me veut par tous moyens tenter
Pour un placet en son nom présenter ;
Et ceux qui sont de mon païs s'attendent
Par mon moyen avoir ce qu'ils prétendent ;
. . . .

« Son président » — le Mécène d'Horace — est le président de Thou à qui la satire est dédiée. Les peintures de Rapin n'ont ni la verve, ni la force de celles de Mathurin Régnier, mais il y a du mouvement dans ces vers faciles où il dit le ton de ses entretiens avec son protecteur :

Non que de luy trop privément j'approche,
Mais il me met quelquefois en son coche.
Jusqu'au palais, ou me meine avec luy,
Allant à Stains [1] pour éviter l'ennuy,
Ne s'enquerrant que de chose commune :
« Quelle heure est-il? Qu'avons-nous de la lune ?
Ne dit-on rien de nouveau du païs ?
Les Rochelois sont-ils point esbahis ?
Ceux qui trop tôt ont laissé leur fourrure
Sentent encore au matin la froidure. »

1. De Thou était seigneur de Stains.

Bref, il ne me dit en devis familier
Que ce qu'on peut dire à un escholier.

. . . .

Et voici l'agréable traduction du célèbre *O Rus quando ego te aspiciam ?*

O petit trou, quand aurai-je pouvoir
D'aller encore en Poictou pour te voir ?
Ou quand pourray-je en douce solitude
Dormir à l'ombre, ou dedans mon estude,
Tout à loisir mes livres feuilleter,
Sans aucun soing que d'aller visiter
Mon petit pré, mes vignes et mes plantes
Et les fruicts verts de mes nouvelles antes,
Et quand verray-je à ma table servie
Du bœuf salé pour ma faim assouvir,
Des choux au lard et des febves encore ?

. . . .
. . . .

Mon mestayer revenant de sa grange
Sis près de moi, sans faire de l'estrange,
Porte la main au plat, et du surplus
Nos serviteurs sont nourris et repus.
Si mes voisins viennent me voir aux festes,
Après la messe ils trouvent tables prestes,
La nappe blanche et le feu préparé,
Et le vin froid, si l'air est altéré.
Chacun y boit selon sa suffisance
Du crû du lieu sans se faire nuisance.

Alors, autour de la table, des propos s'engagent, et Rapin se rappelle qu'un jour,

Comme Gaultier qui estoit l'un des nostres
Louait la ville et l'heur des courtisans,
Feu Michonnet, l'honneur de nos paisans,

Facétieux, bien disant et affable,
Vint commencer à conter cette fable :

. . . .

Cette fable, c'est, on le sait, celle du Rat de ville et du Rat des champs. Il est inutile de rapporter la version de Rapin; malgré quelques traits amusants, elle semblerait un piètre délayage entre le chef-d'œuvre d'Horace et celui de La Fontaine...

Un jour, moins sage que feu Michonnet, Nicolas Rapin fut pris du désir de revoir Paris. Il se mit en route, tomba malade à Poitiers et mourut à l'auberge du Petit-More, le 15 février 1660.

II

LUÇON

11 octobre 1912.

Luçon passait jadis pour un des trois évêchés de France les moins enviables. Ce dicton en vers macaroniques se répétait en Poitou :

Beati qui habitant urbes
Exceptis Luçon, Sees et Maillezais.

Maillezais n'avait point usurpé sa réputation. Ce village perdu dans le marais vendéen, à trois lieues de Fontenay-le-Comte, était tellement insalubre qu'en 1648, l'évêque cessa d'y résider pour s'établir à la Rochelle. Seez a conservé son évêché jusqu'à nos jours : c'est une gentille bourgade normande, dominée par une magnifique cathédrale gothique. Quant à Luçon, cette petite cité épiscopale est plus séduisante que bien d'autres villes de France populeuses et fortunées. Je ne veux pas dire cependant que demeurer à Luçon me paraisse une *béatitude*.

Cliché Robuchon.

LUÇON
L'Évêché et la Cathédrale.

*
* *

La cathédrale occupe le centre de la ville ; c'est une de ces églises dix fois ruinées, dix fois rebâties, qui racontent à leur manière toute l'histoire de l'architecture française depuis le XIIe siècle jusqu'au XIXe, ère des restaurateurs, gratteurs et jointoyeurs. Le croisillon du nord présente des formes et des ouvertures romanes ; les trois nefs sont du XIIIe siècle, le chœur du XIVe, les chapelles latérales du XVe. A la façade gothique fut substituée en 1700, une façade gréco-romaine de la composition de l'architecte François Leduc de Toscane, le même qui a réparé le clocher de Fontenay-le-Comte. L'ordonnance classique de cette construction plaquée sur un monument gothique est assez imprévue ; néanmoins le style en est si pur, les proportions en sont si exactes, qu'elle ne trouble pas l'harmonie générale de l'édifice. On n'en saurait dire autant de la flèche ajourée qui surmonte cette façade et remplace la flèche primitive depuis longtemps écroulée ; la première pierre en a été posée en 1823 par la duchesse de Berry, au cours d'un voyage en Vendée. Le regard est blessé par cette pyramide aiguë, fine comme une aiguille, brusquement dressée sur le socle trop large d'une tour carrée.

A côté de la cathédrale s'élève l'évêché ; comme elle, il date d'époques différentes. Les architectes modernes l'ont tant bien que mal unifié. Les bâtiments entourent un cloître de la fin du xve siècle. Une aile montre encore de beaux vestiges d'un décor de la Renaissance. Ce monument, qu'accompagne un joli jardin, n'est point dépourvu de toute élégance.

Devant la façade de l'église s'ouvre une vaste place complantée de vieux arbres : on y a mis un monument inopportun destiné à commémorer la guerre de 1870. Sur cette place et aux alentours du palais épiscopal s'étend un quartier noble et ecclésiastique, taciturne et recueilli comme un béguinage. Maisons et jardins s'y abritent derrière de hautes murailles. On devine que ces maisons sont anciennes et commodes, ces jardins ombreux et fleuris ; mais le passant ne découvre que des toitures et des lucarnes. Des touffes de roses ou de jasmin débordent par-dessus le faîte d'un mur. Çà et là apparaissent des cimes de quelques vieux cyprès ou de quelques cèdres vénérables. Des clochettes de couvents ou de pensionnats tintent dans le silence. Soudain les maisons cessent, et, à perte de vue, jusqu'à la mer, s'étend une plaine immense traversée par les eaux mortes d'un canal inutile.

A la ville canoniale et aristocratique s'ajoute

une bourgade vendéenne, « un gros chef-lieu de canton » avec de vastes champs de foire, qui, aux jours de marché, se remplissent de bruit et de foule. Et, pour ne rien omettre des beautés de Luçon, il faut encore citer son « jardin public », legs d'un généreux Luçonnais : ce n'est point un chef-d'œuvre de composition, toutes les formes de l'art des jardins s'y sont donné rendez-vous ; on y voit des ifs taillés et des ponceaux rustiques, et l'on dirait que Le Nôtre et Alphand y ont collaboré ; mais les ombrages y sont magnifiques, les corbeilles de fleurs éclatantes, et cela suffit à consoler Luçon de ne pas être une sous-préfecture ; cela, du moins, devrait suffire à le consoler, si Luçon était sage... Mais Luçon est-il sage ? Il est permis d'en douter, quand on sait ce qu'il a fait naguère de son séminaire. C'était un bâtiment du XVIIe siècle en très bon état. La ville le réclama pour elle, lorsque l'État l'eut confisqué, puis elle le rasa pour bâtir une caserne à la place, étant convaincue que, la caserne construite, on ne saurait lui refuser une garnison. La caserne est à peu près achevée ; mais le bruit court que l'État n'est nullement disposé à y loger des troupes... Funestes effets de la mégalomanie.

*
* *

Le 21 décembre 1608, Armand-Jean du

Plessis de Richelieu, investi de l'évêché de Luçon par lettres patentes du roi Henri IV et par bref du Pape Paul V, fit son entrée dans son diocèse. Il s'arrêta d'abord à Fontenay-le-Comte, où il répondit aux compliments des échevins « qu'il était heureux d'avoir son évêché proche d'une ville qui était renommée pour avoir donné une infinité de beaux esprits à la France ». Salué par les délégués du chapitre de Luçon qui étaient venus à sa rencontre, il leur adressa un petit discours gracieux et ferme. Escorté de ses chanoines, il prit le chemin de Luçon, et, le jour même, reçut dans sa cathédrale les promesses d'obéissance de tout son clergé ; lui-même jura fidélité à l'église de Luçon, son « épouse ».

L' « épouse » était une pauvresse minée par la fièvre des marais, désolée et meurtrie par les misères de la guerre.

Quand il avait renoncé au métier des armes et était entré dans les ordres pour ne point laisser l'évêché de Luçon sortir de sa famille, Richelieu avait fait un calcul d'ambition. Quand, au lieu de demeurer à la cour, cet évêque de vingt-deux ans décida d'aller résider dans un misérable village du Bas-Poitou, il prit cette résolution parce qu'il était pauvre, et parce qu'il jugeait que l'administration d'un diocèse lui servirait d'apprentissage. Qu'il se soit imposé à lui-même cette épreuve et l'ait subie pendant deux ans, rien ne montre mieux sa précoce énergie.

J'ai décrit en quelques lignes le Luçon du XXe siècle. Voici celui du XVIIe :

« Luçon ne devrait pas être mise au rang des villes, si on ne considérait la qualité qu'elle porte d'évêché. Elle est située dans le Bas-Poitou, sur un petit ruisseau, au milieu de grands marais qui s'étendent principalement du côté par où nous arrivâmes, étant éloignée de la mer seulement de deux lieues... Aux environs, les chemins y sont entre deux fossés où souvent, si on ne prend garde à soi, on peut s'égarer par la quantité des chemins qui ne sont pas frayés et qui se dispersent en plusieurs endroits de ces marais pour aller à de petites chaumières qui sont la retraite de pauvres gens, qui ne vivent que d'un peu de blé qu'ils sèment sur la terre qu'ils ont tirée des canaux et des pâturages où ils nourrissent quelque peu de bétail ; et n'y ayant point de bois pour se chauffer, ils usent des bousats de vaches séchés au soleil qui brûlent comme des tourbes. En un mot, je ne sais point de gens plus pauvres dans la France que dans les marais du Bas-Poitou. »

Ce tableau[1] est d'un voyageur nommé Jouvin,

---

1. Cité par M. Hanotaux, dans son *Histoire de Richelieu* (t. I).

de Rochefort, et daté de 1672 : il eût été plus sombre encore dans les premières années du XVIIe siècle, sous l'épiscopat de Richelieu. Alors à la tristesse du paysage et à la malfaisance du climat s'ajoutait l'horreur des ruines causées par les guerres religieuses du siècle précédent : à deux reprises, en 1562 et en 1567, Luçon avait été pris et pillé par les protestants ; la seconde fois, la cathédrale, défendue par quelques catholiques et un chanoine nommé Chanteclerc, avait subi un véritable assaut. Tout était saccagé : les sculptures, les ornements, les livres, les tapisseries ; le portail était détruit, la flèche renversée, la voûte lézardée sur le point de s'effondrer. Quant à l'évêché, il y avait trente ans qu'il n'était plus habité, et le logis était médiocre pour un homme qui eut toujours le goût du faste.

Peu de temps après son arrivée, Richelieu écrit à son amie, Mme de Bourges :

« Je suis maintenant en ma baronnie, aimé, ce me veut-on faire croire, de tout le monde, mais je ne puis vous en dire encore, car tous les commencements sont beaux comme vous savez. Je ne manquerai pas d'occupation ici, je vous assure. Je suis extrêmement mal logé, car je n'ai aucun lieu où je puisse faire du feu à cause de la cheminée ; vous jugez bien que je n'ai pas besoin de grand hiver, mais il n'y a remède que la patience. Je vous puis assurer que j'ai le plus vilain évêché de France, le plus crotté et le plus désagréable ; mais je vous laisse à penser quel est l'évêque. Il n'y a ici aucun lieu pour se promener, ni jardin, ni allée, ni quoi que ce soit, de façon que j'ai ma maison pour prison. »

Il s'accommode de cette prison : Mme de Bourges se charge de lui expédier des meubles, des tapisseries et de la vaisselle d'argent. Il s'accommode même du mauvais air des marais, bien que ses migraines, ces furieuses migraines dont il souffrira toute sa vie, en soient encore aggravées. Il fait son métier d'évêque avec une régularité et un zèle admirables, conclut la paix avec son chapitre, restaure sa cathédrale et son palais épiscopal, réforme son clergé, interdit aux ecclésiastiques de fréquenter les foires et de jouer aux cartes, veille à la décence des cérémonies, à la propreté des églises et à l'instruction des fidèles, fonde un séminaire, le premier, qui ait été établi en France, et dont un peu plus tard, il confiera la direction aux Pères de l'Oratoire, invite les Capucins à créer un monastère à Luçon. Il travaille, pour sa part, au mouvement de restauration catholique que, plus tard, devenu ministre, il encouragera dans toute la France.

Pendant deux ans il donne tout son temps et toute son activité à son diocèse. La mort de

Henri IV le rappelle brusquement à Paris. Il croit son heure venue ; il se trompe, s'en aperçoit et retourne en Poitou. Il continue de s'occuper de son clergé et de ses ouailles, mais il demeure, dès lors, dans son prieuré de Coursay, non loin de Poitiers : la fièvre lui a rendu trop douloureux le séjour de Luçon.

De ces deux années que Richelieu vécut à Luçon (1608-1610), on voudrait découvrir ici quelque vestige qui nous rendît plus présente la mémoire du cardinal. J'ai interrogé, j'ai cherché et j'ai trouvé bien peu de chose. L'aspect de la ville a changé, de même celui de la campagne environnante, depuis qu'on l'a desséchée et assainie. La cathédrale a perdu le vieux portail gothique sous lequel le jeune évêque fut harangué par ses chanoines. L'intérieur a pris, grâce aux dernières restaurations, l'aspect d'un édifice tout neuf : les pierres sont muettes. Dans le transept, on voit une chaire très curieuse dont les panneaux peints représentent des fleurs ; Richelieu, dit-on, y aurait prêché : la chose n'est pas impossible, ces peintures semblent dater du temps de Henri IV. Dans l'évêché, les constructions furent si souvent remaniées qu'aujourd'hui, on ne peut même plus conjecturer dans quelle partie habita Richelieu. Un très beau portrait est resté dans les appartements de l'évêque ; il s'en trouve un autre, beau-

PORTRAIT DE RICHELIEU
Conservé à l'evêché de Luçon.

coup moins bien conservé, dans une vieille salle
de l'hôpital : mais tous deux nous montrent un
Richelieu déjà mûr, non le jeune prélat élégant et nerveux, tout frais émoulu des académies d'équitation et d'escrime. Enfin, dans une
rue de Luçon, on montre une maison où aurait
été logé d'abord le séminaire fondé par Richelieu... Tous ces souvenirs sont incertains ou
médiocres, peu propres à toucher l'imagination,
et c'est grand dommage, car cette vie épiscopale,
rude et laborieuse, fut pour beaucoup dans la
formation du génie de Richelieu.

L'évêché de Luçon a été, pour l'homme d'État,
une école salutaire et profitable. Il y a exercé et
développé les grandes qualités qui plus tard
seront sa force et sa gloire.

Pour restaurer ce diocèse ruiné, il doit dé-
ployer et l'esprit d'ordre et la puissance de travail qu'il appliquera plus tard au bien de l'État.
A gouverner son chapitre, il apprend vite à se
faire obéir ; d'abord il semble user de prudence
et de douceur, mais ces ménagements durent
peu ; au bout de trois ans d'épiscopat, le voici
tout entier dans une lettre hautaine et cinglante
qu'il adresse à un de ses vicaires généraux. On
l'a vingt fois citée, mais on a plaisir à transcrire
quelques lignes de cette magnifique semonce :
« ... Il semble par votre lettre que vous étiez en
mauvaise humeur, lorsque vous avez pris la

plume ; pour moi j'aime tant mes amis, que je ne désire connaître que leurs bonnes humeurs, et il me semble qu'ils ne m'en devraient point faire paraître d'autres. Si une mouche vous a piqué, vous deviez la tuer, et non tâcher d'en faire sentir l'aiguillon à ceux qui se sont, par la grâce de Dieu, jusqu'ici garantis de piqûres. *Je sais, Dieu merci, me gouverner, et sais davantage comme ceux qui sont sous moi se doivent gouverner...* Vous dites que vous renonceriez volontiers au titre que je vous ai donné ; je l'ai fait pour vous obliger, vous croyant capable de rendre service à l'Église. Si je me suis trompé en ce faisant, vous désobligeant au lieu de vous gratifier, j'en suis fâché ; mais je vous dirai qu'à toute faute il n'y a qu'amende ; je ne force personne à recevoir du bien de moi... »

Dans cette solitude où il s'est confiné, il a de grands loisirs pour travailler et réfléchir. Il achève par de vastes lectures son instruction théologique, il étudie passionnément l'histoire. Le soir, après d'interminables discussions avec ses chanoines, il s'enferme dans une salle de son « palais » enfumé et délabré afin de composer pour son propre usage « une sorte de bréviaire portatif de l'ambitieux de cour » ; sur des feuilles volantes il rédige à la hâte des « maximes », des « instructions » ; avec la lucidité du fiévreux il se voit à Paris, il y choisit sa maison, pénètre au Louvre, se fixe des règles de conduite, compose ses attitudes, prévoit les propos qu'il tiendra et surtout ceux dont il s'abstiendra ; il s'exhorte à la dissimulation silencieuse, car il sait la honte de mentir et le péril de dire la vérité.

C'est à Luçon que se tisse la trame de sa destinée. C'est là qu'il noue quelques-unes des amitiés auxquelles il demeurera fidèle pendant toute sa vie. Son plus intime confident est dès lors le chanoine Sébastien Bouthillier, abbé de la Cochère, auquel il fera plus tard obtenir l'évêché d'Aire. Il montre un sincère attachement à François de Sourdis, l'archevêque de Bordeaux. Dans le même temps, à propos de la réforme du monastère de Fontevrault, il fait la connaissance de François Le Clerc du Tremblay, le père Joseph. Il témoigne aussi la plus grande estime à M. de Bérulle, le fondateur de l'Oratoire, et à Duvergier de Hauranne, abbé de Saint-Cyran, mais on sait ce qu'il est advenu de ces deux amitiés de jeunesse.

Le sort l'a conduit dans la province de France qui a le plus souffert des guerres civiles durant le XVIe siècle. Dans son diocèse, les protestants sont nombreux, et l'édit de Nantes n'a pu apaiser les vieilles rancunes. Le spectacle qu'il a sous les yeux lui permet de mesurer le péril que les divisions religieuses font courir à la paix et à l'unité du royaume. Les souvenirs de l'évêque de Luçon inspirèrent souvent la politique du cardinal-ministre.

Si Luçon est l'exil, Poitiers, qui n'est pas loin, offre à l'exilé de belles compensations. Il y a dans cette ville une réunion de théologiens et de juristes qui, ayant vite discerné les mérites du jeune évêque, l'associent à leurs études et à leurs controverses. Ce sont les Citoys, les Pidoux, les Sainte-Marthe, les Bouthillier, les La Rocheposay, les Duvergier de Hauranne. Le mouvement de la Renaissance se continue encore dans les provinces françaises, alors qu'à Paris les intelligences ont déjà accepté des maximes et des modes nouvelles. M. G. Hanotaux qui a composé un vivant tableau de la jeunesse de Richelieu, fait cette remarque très ingénieuse et très juste que, par son séjour en province, Richelieu se rattache au xvie siècle, « et qu'il en garde, dans l'amoindrissement du siècle suivant, l'originalité et la vigueur ».

Enfin, le Poitou a rendu à Richelieu ce suprême service de le choisir pour député aux États généraux de 1614. Là l'évêque de Luçon entendit les doléances et les vœux de la France. Ce fut l'origine de tous ses grands desseins.

*
* *

Je ne reprocherai jamais aux Luçonnais de

n'avoir point célébré par un grand monument l'épiscopat de Richelieu. Ces sortes de commémorations n'ont jamais d'autre effet que d'enlaidir une place publique. D'ailleurs, on s'apprête à élever la statue de Richelieu dans la petite ville que le cardinal fit construire en Touraine à côté de son château. Cette statue suffit ; d'aucuns trouvent même qu'elle est superflue, car elle ne pourra qu'altérer l'harmonie des architectures conçues par Lemercier. Que les Luçonnais ferment donc l'oreille aux propos des entrepreneurs de monuments publics. Cependant il est fâcheux que rien, ni dans la cathédrale, ni dans l'évêché, ne rappelle le séjour de Richelieu. Ne pourrait-on pas, sous les galeries du cloître ou bien à l'intérieur de l'église, poser une plaque de marbre où une belle inscription relaterait l'événement le plus glorieux de l'histoire de Luçon ?

AUNIS ET SAINTONGE

ENTRÉE DU PORT DE LA ROCHELLE

Cliché Neurdein.

I

LA ROCHELLE

23 novembre 1900.

Par une pure soirée d'octobre, le soleil descend derrière les ormes du mail, et illumine les tours, les flèches, les clochers de la Rochelle. Les lourdes barques aux voiles rouges et bleues s'avancent lentement vers la rade, après avoir passé entre les deux tours massives qui gardent l'avant-port. Partout si émouvant, le spectacle d'une flottille de pêche qui gagne le large, est ici d'une majesté sans pareille. Les carènes des bateaux de la Rochelle sont larges et robustes. Le décor est grandiose : la tour Saint-Nicolas, donjon carré flanqué de tourelles, la tour de la Chaîne, cylindre de pierres, formidable, bien que dépouillée de ses machicoulis, et, plus loin, en suivant la ligne des remparts, la tour de la Lanterne, que coiffe une fine pyramide, se profilent sur un ciel clair, à peine rosé. Il n'y a pas un port de France qui ait ainsi conservé ses vieilles défenses. C'est vraiment le classique « nid de corsaires ».

Jadis, une chaîne était tendue au travers de l'avant-port, de la tour de la Chaîne à la tour Saint-Nicolas, où l'on voit encore la pièce de fer qui en soutenait l'extrémité : elle préservait la place des surprises et permettait au « fermier de la chaîne » d'arrêter les navires et de percevoir les droits sur les marchandises. Elle était énorme, car Rabelais raconte qu'elle avait servi à lier Pantagruel dans son berceau.

Autre souvenir rabelaisien : « Sur l'instant entrasmes au port de Lanternois. Là, sur une haute tour, recongnut Pantagruel la lanterne de la Rochelle, la quelle nous fist bonne clarté... »

Et il est agréable de remâcher ainsi quelques phrases de Rabelais, tandis que dans le crépuscule se détache la silhouette de la vieille ville, si riche en tours qu'on l'avait comparée à Cybèle.

*
* *

Un des attraits de la Rochelle, ce sont ses galeries couvertes. Ces porches, en même temps qu'ils donnent de la grâce aux façades, forment des promenoirs commodes où les passants sont défendus de la pluie et du soleil.

Naturellement, on a plus d'une fois songé à détruire ces constructions charmantes, mais les Rochelais ont du goût, et ils aiment la Rochelle. On a bien çà et là, depuis un siècle, fait disparaître quelques arcades, mais, en somme, la physionomie de la vieille ville a été maintenue. On raconte qu'en 1810, on avait voulu obliger ceux qui bâtissaient dans les rues à galeries d'exécuter des porches d'une hauteur uniforme. Heureusement cette prescription n'a pas été suivie. La variété des arcades et des piliers sauve de la monotonie ce système de construction. Une rue de Turin est lugubre. Une rue de la Rochelle est charmante.

Les Rochelais n'ont point seulement défendu les vieux porches, ils ont aussi défendu de leur mieux les vieilles façades. Au musée, j'ai vu bien des débris, pieusement recueillis, restes de chapiteaux ou d'enseignes, fragments de sculpture, caissons de plafonds, etc... qui témoignent qu'en ces dernières années, on a démoli ou laissé s'écrouler plus d'un ancien logis. Mais, tout de même, c'est merveille de voir comme on a respecté l'aspect pittoresque et historique des rues, des monuments et des places. Les Rochelais y ont eu quelque mérite ; car leur ville, emprisonnée dans une ceinture de fortifications, est forcée de se développer et de se créer des quartiers neufs au delà des anciens quartiers. Plus d'une fois ils ont dû être tentés de « moderniser » leur cité : on sait ce que ce mot-là cache de démolitions et de ruines. Ils ont, jusqu'ici, apporté de la mesure et du tact dans les transformations indispensables.

C'est que, — même aujourd'hui, — le vieil esprit rochelais n'a point encore tout à fait disparu.

Pendant des siècles, La Rochelle fut une république, une véritable république, qui possédait son gouvernement, son sénat, son armée et sa flotte. Elle est la plus vivace des communes de France, à peine française, un peu hollandaise, surtout rochelaise. Au XIVe siècle, elle se débarrasse des Anglais, mais refuse d'ouvrir ses portes à Duguesclin, tant que le roi de France n'a pas accepté les conditions qu'elle lui offre. Et elle traitera ainsi presque d'égale à égale avec la Couronne de France jusqu'au XVIIe siècle. Elle est, dans le cours de son histoire, quatre fois assiégée. Elle se trouve naturellement calviniste par indépendance d'esprit et par goût de la république ; mais Richelieu l'incorpore de force et pour jamais dans le royaume ; la révocation de l'Édit de Nantes disperse les huguenots de La Rochelle ; toute velléité d'indépendance est étouffée. Un siècle de fidélité à la monarchie achève de lui faire oublier son passé de liberté ; puis, le Canada perdu, son commerce décroît ; et, depuis cent ans, La Rochelle est un chef-lieu de département français qui vit la vie à peu près uniforme de tous les chefs-lieux de département français.

Le passé cependant a laissé quelques traces sinon dans les caractères du moins dans les imaginations. Les vieux Rochelais, — et il y a encore ici nombre d'anciennes familles que n'a point submergées le flot des fonctionnaires nomades, — aiment leur ville avec une tendresse mélangée de fierté qui se rencontre rarement dans les autres provinces de France. Si protestants et catholiques (le nombre des protestants a d'ailleurs bien diminué, aujourd'hui il est de 800 seulement) ne forment pas deux clans ennemis, si les divisions qui rendent intolérable la vie de société dans certaines villes du Midi, ne se rencontrent pas ici, c'est qu'avant tout on y est Rochelais. Le temps est loin où il y avait des « citoyens » de La Rochelle ; mais les derniers descendants de ces républicains d'autrefois n'en ont pas perdu le souvenir, et ils le prouvent par le respect dont ils entourent les maisons de leurs ancêtres. L'histoire de leur cité est glorieuse, ils le savent, et aiment à se parer de cette gloire.

Quand ils vont se promener sur le Mail, on les voit s'arrêter, si la marée descend, pour contempler les blocs de pierre qui émergent de la mer en face de l'entrée du port : ce sont les restes de la fameuse digue qui fut « le boulevard de Louis le Juste, la barrière de l'Anglais, le lien de la mer, le frein de l'hérésie, la réduction de la ville et la huitième merveille du monde ». (Ainsi s'exprimait une plaque commémorative placée dans l'église Notre-Dame de la Victoire, quarante-sept ans après le siège.) Et, malgré tout, les Rochelais de 1900 sont heureux de se souvenir que, pour réduire leur ville, il ne fallut ni plus ni moins que la « huitième merveille du monde ». Cela les rend attentifs à pieusement conserver le vieux logis du maire Guiton.

*
* *

On pourrait, siècle par siècle, suivre, sur les façades de ses maisons, l'histoire de La Rochelle. Ses tours et les restes de ses remparts évoquent son passé militaire. Son admirable Hôtel de Ville (hélas! si pitoyablement restauré), moitié forteresse, moitié palais, raconte les séditions populaires, la ferveur de la vie municipale, le luxe de la cité. Les belles maisons du temps de Henri IV révèlent la richesse des armateurs du xvie siècle. Enfin, un grand nombre d'hôtels bâtis sous Louis XVI attestent l'opulence et le goût des bourgeois et des négociants de La

Rochelle à la veille de la Révolution française. En une brève promenade, nous ne pouvons songer à tout voir et tout interroger. Aujourd'hui tenons-nous-en aux demeures et aux gens de la seconde moitié du xviii⁰ siècle.

Le commerce de la Rochelle est alors florissant ; à la vérité, la cession du Canada à l'Angleterre lui a porté un coup funeste ; mais les conséquences du désastre ne se font pas immédiatement sentir, car il y a de grandes fortunes acquises. Les Rochelais sont riches.

Ils se piquent d'aimer les arts et les lettres. Ils ont une Académie à laquelle des lettres patentes de 1732 ont conféré « les mêmes honneurs, privilèges, franchises et libertés dont jouissent ceux de l'Académie française » ; elle compte trente membres. Voltaire se déclare très flatté de faire partie de cette Compagnie : « Me voilà tout Poitevin, écrit-il, par le titre d'académicien de La Rochelle dont je suis honoré... J'ai dû vous dire combien je suis touché de cette adoption... L'attachement véritable que j'aurai toute ma vie pour une Académie, qui fut l'honneur de mon ancienne patrie, réparera la *fautte* (sic) que je crains d'avoir *faitte* (sic). Je vous *suplie* (sic) encore une fois d'assurer l'Académie de ma respectueuse reconnaissance. » (Il est toujours amusant de donner des armes aux ennemis de l'orthographe.) Lorsque l'empereur Joseph II, voyageant sous le nom de comte de Falkenstein, s'en vient à La Rochelle, les membres de l'Académie réunis à l'Hôtel de Ville donnent en sa présence des expériences sur la torpille électrique. Mais l'Académie fait mieux que de divertir les souverains et de recevoir les lourds compliments de Voltaire, elle produit d'innombrables Mémoires sur la science, la littérature, même la politique : j'ai lu qu'il en était de fort remarquables, mais je ne les ai pas lus. Et La Rochelle avait encore une *Académie de drame et de musique !*

Les hôtels habités par cette société riche et éclairée sont aujourd'hui presque intacts. Ils présentent d'élégantes façades à frontons et renferment d'incomparables boiseries. Il n'y a point, je crois, de ville qui soit plus riche en lambris sculptés que La Rochelle. A la Bibliothèque, à la Bourse, à l'Évêché, à la Banque de France, on m'a montré des salons merveilleusement décorés. Ah ! les bons Rochelais ! comme il faut leur savoir gré de maintenir à leur place toutes ces belles œuvres d'art et de résister aux suggestions de marchands de bric-à-brac !

D'ailleurs, les édifices publics ne sont pas seuls à conserver leurs panneaux de bois sculpté. Beaucoup d'hôtels particuliers ont gardé leurs décorations du XVIIIe siècle.

Parmi ces derniers, il en est un dont la porte me fut gracieusement ouverte, et dont la visite m'entraîna à quelques recherches et à quelques trouvailles assez piquantes.

Cet hôtel fut acheté en 1769 par Jean-Augustin Duperré, *trésorier des guerres de la marine et des colonies*. Celui-ci eut pour fils Victor-Guy Duperré, qui fut amiral et prit Alger. Il eut deux filles ; de l'une d'elles je vous parlerai tout à l'heure.

Au troisième et dernier étage de la maison se trouve un merveilleux boudoir de forme ovale garni de boiseries où sont représentées des allégories des Saisons. La sculpture de ces panneaux est d'une charmante élégance, un peu facile (ils furent, dit-on, exécutés par des artistes italiens). L'ensemble est d'une grâce exquise[1]. Il est du reste impossible de se tromper sur la destination de cette petite pièce. Un des panneaux tourne, c'est une porte secrète donnant sur un petit escalier pratiqué dans l'épaisseur du mur. L'escalier aboutit à un souterrain qui passe sous le jardin de l'hôtel ; le souterrain communique avec un autre escalier pratiqué dans la muraille d'une maison voisine et qui conduit à un autre boudoir ovale tout semblable à celui de l'hôtel Duperré, décoré de

---

1. Ces boiseries ont été vendues.

la même façon. On n'a point de peine à imaginer le roman ; c'est un décor à souhait pour un « conte moral ».

Mais voici le plus intéressant : cette maison a été habitée par l'auteur des *Liaisons dangereuses.*

Choderlos de Laclos, capitaine d'artillerie, se trouvait en garnison à La Rochelle en 1786. Il y fit la connaissance de Mlle Marie-Soulange Duperré et l'épousa. De ce mariage, il existe à La Rochelle un monument bien curieux. Dans un des murs de l'Arsenal a été déposée une plaque de cuivre sur laquelle est gravée l'inscription suivante :

L'AN 1786 ET LE 3 DE MAI
MESSIRE PIERRE-AMBROISE CHODERLOS DE LACLOS,
ÉCUYER, CAPITAINE D'ARTILLERIE
AU RÉGIMENT DE TOUL
A ÉPOUSÉ
DEMOISELLE MARIE-SOULANGE DUPERRÉ
QUI A POSÉ ELLE-MÊME CETTE PREMIÈRE PIERRE.
LE MÊME JOUR A VU S'ÉTABLIR
LE FONDEMENT DE CET ARSENAL
ET CELUI DE LEUR BONHEUR.

(J'aurais bien voulu visiter l'arsenal de Choderlos de Laclos ; mais, on m'a soupçonné de vouloir surprendre les secrets de la défense nationale, et j'ai été mis à la porte).

Laclos demeura dans la maison de son beau-père, jusqu'en 1789 ; il devint alors le secrétaire

CHODERLOS DE LACLOS
Par Carmontelle.

du duc d'Orléans. En 1787, il se signala par un acte de générosité. Il fit don à la ville de La Rochelle d'une statue d'Henri IV faite d'une certaine composition mystérieuse qui, *en imitant les chairs aussi bien que la cire*, avait toute la dureté de la pierre. Cette statue fut placée à l'Hôtel de Ville, dans la salle des Assemblées ordinaires : en 1789, on la décora d'une cocarde tricolore ; en 1793, on la brisa.

On a prétendu que les héros des *Liaisons dangereuses* étaient Rochelais, et un historien de La Rochelle, M. Jourdan, rapportant cette tradition, ajoute : « J'aime à croire que c'est une calomnie. » J'ai cherché, je n'ai rien trouvé, je n'en sais pas plus là-dessus que M. Jourdan ; mais le boudoir de l'hôtel Duperré, le souterrain, les deux escaliers secrets, le boudoir de l'hôtel voisin, tout cela en dit long sur les mœurs des Rochelais et des Rochelaises au temps de Louis XVI.

*
* *

Il est un autre personnage du même temps, dont on retrouve le nom en flânant par les rues de La Rochelle, c'est Billaud-Varennes. Il est né en 1756, dans une maison que son père, avocat au présidial, possédait au coin de la rue de l'Escale et de la petite rue de l'Abreuvoir.

Cette maison est une des plus célèbres de La Rochelle : on l'appelle ordinairement la maison de Nicolas Venette. Sa façade assez bizarre est décorée de portraits de médecins illustres et d'inscriptions latines. Elle fut sans doute habitée au XVIIe siècle par Nicolas Venette, disciple de Guy-Patin, auteur d'un nombre considérable d'ouvrages de médecine, et qui est surtout connu pour avoir traduit Pétrone et prêché les vertus de l'eau claire.

Ce fut là que se passèrent l'enfance et la jeunesse de Billaud. Il fut d'abord avocat à La Rochelle. Un de ses confrères dit de lui : « Il ne montra aucun talent, ni aptitude ; c'était le plus mince des avocats, taciturne, mélancolique, vain... » On l'ignorait. Il voulut sortir de cette obscurité, et, en 1780, fit représenter sur le théâtre de la ville une comédie intitulée : *la Femme comme il n'y en a point*. C'était, dit-on, une satire des dames de La Rochelle. Le public se fâcha, siffla, et la représentation ne put s'achever. Le lendemain, l'auteur malheureux quittait sa ville, s'enfuyait à Paris, devenait professeur chez les Oratoriens, puis avocat, puis journaliste. La Révolution embarqua ce raté à son bord. Il devint l'ami de Robespierre. On le revit à La Rochelle en 1795 ; il était alors en compagnie de Collot d'Herbois ; tous deux condamnés à la déportation, furent conduits à l'île d'Oléron, et de là envoyés à la Guyane. Billaud-Varennes ne rentra jamais en France.

La mésaventure de Billaud-Varennes auteur dramatique est une vieille tradition rochelaise. Je l'ai trouvée consignée dans une note manuscrite de M. Delayant, conservée à la Bibliothèque de la Ville et que m'a communiquée l'obligeant bibliothécaire, M. Musset. Quant à la comédie même, elle est, je crois, introuvable.

*
* *

« La Rochelle, située en pays de vignobles et en lieu où ne croissent aulcuns grains, au moins dont le peuple puisse être soutenu », ainsi s'exprime une ordonnance de Charles VII, et, jusqu'à notre temps, la vigne fut la richesse de l'Aunis.

Le phylloxéra est venu. L'Aunis est une plaine triste et désolée, où il n'y a plus que de maigres champs à la place des vignobles arrachés. De loin en loin, un village, avec ses maisons blanchies à la chaux et ses contrevents peints en vert cru, met quelque vie et quelque gaieté dans le paysage. L'Aunis est propre et cossu, car les économies d'autrefois ne sont pas encore épuisées. D'ailleurs, les paysans ont conservé une source de richesse qui n'est point tarie, — loin de là : ils possèdent sur les vases du rivage ces grandes pêcheries de moules qu'on appelle des *bouchots*.

Çà et là, un îlot verdoyant, un bouquet isolé rompt la monotomie de la plaine : c'est le parc d'une vieille maison de campagne. Les ormes ont l'air de s'enfuir, tête baissée, à travers le désert, sous le vent de l'Océan qui les tord et les incline. On dirait les derniers débris d'une forêt en déroute.

C'est du haut de la tour de l'église fortifiée d'Esnandes qu'on saisit l'aspect mélancolique de l'Aunis. A perte de vue, la mer, les marais, les plaines. Les légers vallonnements de la terre disparaissent. Tout est nivelé : on distingue mal la limite où le flot meurt sur les vases, et où les cultures commencent. Ce pays plat appelle irrésistiblement dans notre mémoire le souvenir de la Hollande, mais d'une Hollande sèche, sans l'inépuisable fécondité, sans l'éternelle verdure. Et, à mesure que cette évocation se fait plus précise dans notre esprit, nous nous demandons si cette similitude des paysages n'a pas été pour beaucoup dans les très antiques sympathies qui ont lié La Rochelle aux Pays-Bas.

Rochelais et Hollandais firent longtemps ensemble le trafic maritime. Des ingénieurs rochelais furent souvent appelés en Hollande, et collaborèrent aux travaux des digues et des polders. Les armateurs s'approvisionnaient en

Hollande de meubles et d'objets de luxe. Dans les beaux hôtels de la rue de l'Escale et dans plus d'une de ces maisons de plaisance disséminées dans la campagne voisine, on trouverait encore des delft précieux et de rares éditions d'Amsterdam. D'étroites amitiés se nouaient entre des familles d'ici et de là-bas. Au XVIIe siècle un très grand nombre de calvinistes rochelais s'enfuirent en Hollande et, de là, plusieurs émigrèrent au cap de Bonne-Espérance. Parmi les Boers il y a beaucoup de descendants de familles rochelaises ou aunisiennes ; le nom de *Cronje*, par exemple, est sous une forme hollandaise celui d'une famille *Cronier* de La Rochelle.

Affinités de religion entre réformés ; affinités d'esprit entre républicains ; mais peut-être aussi affinités, plus profondes encore, nées de la ressemblance des deux patries.

***

J'ai laissé entendre que La Rochelle avait conservé de son passé un pieux souvenir, mais n'avait pas retrouvé, en ce siècle, l'énergie et l'activité qui jadis l'avait faite si glorieuse. J'ai peut-être eu tort. Elle a longtemps langui ; son commerce paraissait à jamais ruiné ; le fardeau de la centralisation moderne a pesé plus lourdement sur les cités qui, comme celle-ci, avaient autrefois vécu une vie indépendante. Mais, voici que, depuis dix années, le ressort qu'on croyait brisé se tend de nouveau. Le vieil esprit de négoce et d'entreprise se réveille. La Rochelle a un port nouveau, celui de La Pallice, et ce port est prospère.

La Pallice est une œuvre admirable. Sa rade immense et sûre, sa jetée robuste, son bassin profond où les navires du plus fort tonnage entrent à toute heure de la marée, ses quais larges et sillonnés de voies de chemin de fer, tout lui promet de devenir, un jour, le grand port français de l'Atlantique. Ses progrès seront lents, parce que la victoire de la Pallice, c'est la déchéance de Bordeaux; et Bordeaux, qui le sait, lutte de toutes ses forces, de toute son influence, de toute sa richesse. Mais, si les Rochelais déploient, pour assurer leur fortune future, seulement la moitié du courage et de l'intelligence que mirent autrefois leurs ancêtres à combattre la royauté française, ils sont certains du succès. Depuis 1890, date de l'inauguration du port de La Pallice, le nombre des navires qui abordent à ses quais augmente chaque année (maintenant 800.000 tonnes). Une grande Compagnie de navigation anglaise, y a placé son escale de France. Des constructions s'élèvent aux abords du port; des industriels y installent leurs usines : une fabrique de jute, une raffinerie de

LE PORT DE LA ROCHELLE
D'après Joseph Vernet.

pétrole, une fabrique d'engrais chimiques, etc. La plaine jadis déserte entre La Rochelle et La Pallice se couvre de maisonnettes. C'est la naissance d'une ville, celle-là toute moderne. Et un pareil spectacle est passionnant, plus passionnant, avouons-le, qu'une rêvasserie d'archéologue.

24 juillet 1908[1].

Longtemps les Rochelais se sont montrés jaloux de conserver le caractère original et pittoresque de leur admirable cité ; ils ont maintenu, le long de leurs rues, ces arcades qui offrent aux passants d'agréables promenoirs abrités ; ils se sont efforcés de sauver les jolies façades de la Renaissance qui décorent leur ville ; ils n'ont pas souffert que les ingénieurs démolissent les tours anciennes qui encadrent superbement l'entrée de leur port. Non contents de montrer ces soucis d'archéologie, ils ont voulu donner à La Rochelle la parure d'un joli parc, planté hors du rempart et que continuent les belles allées du Mail. Bref, il y a quelques an-

---

1. Je n'ai pas coutume de recueillir dans ces volumes les nombreux articles que j'ai écrits au jour le jour pour la défense des aspects et des monuments des villes de France. Si je déroge ici à cette habitude, c'est que la Rochelle est une ville admirable, que les Rochelais sont très épris de leur cité et que pourtant, depuis quinze ans le vandalisme sévit chez eux comme ailleurs. Nul exemple ne peut mieux montrer que ce fléau est universel et sans remède.

nées, on pouvait proposer le goût des Rochelais en exemple à la plupart des municipalités de France. Le pourra-t-on encore demain ?

Déjà d'inquiétants symptômes annoncent que La Rochelle est en proie à la fièvre « de l'embellissement » : c'est une maladie terrible, c'est le commencement de toute laideur. Déjà, sur le bord de la mer, au fond d'une anse où s'alignent des cabines de bain, on voit se dresser un café bosniaque flanqué de deux tourelles. Cette bâtisse, qui appartient au style des Expositions universelles, forme la tache la plus malencontreuse dans l'incomparable tableau, composé par les môles et les tours du port. Puis de grandes « transformations » sont projetées tout autour de la ville. Les fortifications de Vauban sont déclassées et on se propose de les raser ; sur leur emplacement, on aurait pu du moins établir une promenade : on y va bâtir des maisons. Rien ne serait plus facile que de garder les vieilles portes, dont quelques-unes présentent de belles sculptures : on veut les démolir. Au sud-est de la ville, un « ouvrage à cornes » aurait pu être métamorphosé en un jardin pittoresque : il va disparaître pour dégager les abords d'une gare neuve qui doit s'élever en ces parages, une gare « de style », une gare Renaissance ! Et tous ces projets sont pitoyables.

Pitoyable aussi est le dernier exploit des architectes-restaurateurs. Ceux-ci ont été chargés de « remettre en son état primitif » la tour de la Lanterne. On se rappelle l'aspect de cette magnifique tour cylindrique surmontée d'une pyramide de pierre dont les arêtes étaient ornées de crochets : elle se dressait robuste et élégante, dominant l'avant-port de sa haute flèche. Sans doute elle avait perdu sa couronne de créneaux et de machicoulis, les fenêtres délicates qui s'ouvraient à la base de la pyramide avaient été aveuglées, la tourelle de l'escalier qui la flanquait jusqu'à mi-hauteur, s'arrêtait brusquement, privée de sa lanterne, et, s'il était nécessaire de la consolider, il fallait, sans hésitation, exécuter les travaux indispensables. Mais pourquoi la reconstituer ? A quoi bon cette restauration vaine et coûteuse, ces créneaux et ces machicoulis tout neufs, cette lanterne sculptée ? Il est assez sot de remettre en état de défense un édifice du moyen âge ; il est plus sot encore de rétablir la lanterne d'un phare que jamais on n'allumera. Il y a des personnes qui perdent leur temps à discuter le plus ou moins d'authenticité de ces amusettes archéologiques: la balustrade nouvelle est-elle « dans le style » de la construction ? la lanterne n'est-elle point trop délicate et trop ciselée à côté des surfaces pleines de la grande pyramide de pierre ? les documents et les estampes d'autrefois justifient-ils l'ouvrage des architectes du xxᵉ siècle ? Tout cela importe peu. Telle que les siècles nous l'avaient livrée, cette tour était admirable. Il n'y fallait point toucher. Ce que nous avons maintenant sous les yeux est un monument à demi-moderne et ridiculement maquillé.

*
* *

20 novembre 1908.

Les Rochelais trouvent que leur gare de chemin de fer est médiocre, étroite et indigne de leur ville. C'est une opinion qu'ils ont sans peine fait partager aux architectes de la Compagnie des chemins de fer de l'État. Il a donc été décidé que la gare serait démolie et remplacée par une gare nouvelle et *monumentale*, une gare de « style », une gare sculptée, qui rappellera, mais pour les surpasser en magnificence, les plus belles architectures de la ville ancienne. Cet ouvrage coûtera plusieurs millions. On est étonné de voir une personne aussi peu fortunée que la Compagnie des chemins de fer de l'État, se livrer à de telles prodigalités ; mais ce sont là des affaires financières qui ne nous regardent pas. Par malheur, cette somptueuse construction va avoir pour résultat de bouleverser les abords de La Rochelle. Une gare monumentale exige un boulevard grandiose, l'inévitable « avenue de la Gare ». En avant des remparts de la ville s'élevait, en cet endroit, un ouvrage avancé, dit « ouvrage à cornes », dont les fossés et les talus gazonnés, couverts de grands arbres, formaient un tableau charmant. On coupe les arbres; on démolit les fortifications; on comble les fossés. En sortant de la gare monumentale, on apercevra donc, s'étendant à l'infini, la triste plaine de l'Aunis, et la ville aura perdu, de ce côté, la physionomie si caractéristique que lui donnaient les défenses de Vauban.

C'est une première bêtise. Voici la seconde, qui n'est pas encore commise, et peut-être est-il encore temps de la conjurer, elle serait bien plus grave que la première, car elle anéantirait l'incomparable coup d'œil que présente l'entrée du port de La Rochelle. Tout le monde le connaît, au moins par de merveilleux Corot, et je puis me dispenser de le décrire. Aussi bien ai-je retrouvé une jolie page de J.-J Weiss qui traduit à merveille le caractère de ce paysage historique.

J.-J. Weiss, passant à La Rochelle, s'était arrêté vers la fin du jour sur la terrasse des Bains du Mail et contemplait la rade et le port, au son d'un orchestre de casino. « Pendant qu'on entend expirer à ses oreilles le son moqueur de la valse, on voit se dresser dans l'ombre, à l'horizon, des masses imposantes et lugubres. C'est la tour Saint-Nicolas, la tour de la Chaîne, la Lanterne, vieux soldats huguenots, couverts de balafres, qui ont été témoins pendant cent ans des plus sombres comme des plus nobles passions, qui ont vengé l'Europe protestante de la Saint-Barthélémy et tenu en suspens la fortune de Richelieu. On sent alors que le présent a hérité du passé quelque chose d'ineffaçable, que la contrée qu'on embrasse des yeux est une contrée hantée, et que le fantôme des siècles héroïques enveloppe toujours, sans peser trop lourdement sur elle, cette ville aimable, élégante, hospitalière, dorée par le soleil, et de bonne humeur cordiale, où Scribe a oublié, je ne sais pas pourquoi, de placer la scène d'une de ses plus riantes comédies du Théâtre de Madame. »

Le souvenir de Scribe semblera ici un peu imprévu, mais Weiss était atteint de scribomanie et ne pouvait rien admirer sans tout de suite penser à son auteur de prédilection. Ce qu'il dit de La Rochelle est d'ailleurs juste et exquis.

C'est l'émouvant ensemble formé par les murs et les tours du port qu'un projet ridicule menace aujourd'hui.

Au pied de la Lanterne, au bord de l'avant-port, s'étendent des terrains qui appartiennent à l'État et sur lesquels est établi un chantier de constructions navales. Or, sur ces mêmes terrains on voudrait maintenant élever des ateliers, une usine, des forges, des cheminées. Toutes ces ignobles bâtisses gâteraient à tout jamais les lignes et la couleur du paysage, et à côté de la tour que l'on vient de restaurer à grands frais se dresseraient des tuyaux qui, nuit et jour, cracheraient leurs fumées et leurs suies sur les pierres du vieux monument. Déjà on a enlaidi l'entrée de l'avant-port en laissant des industriels construire au bord de la mer une affreuse guinguette d'architecture balkanique. L'usine causerait un désastre bien pire encore.

Et voici maintenant le plus scandaleux : la personne qui prétend bâtir cette usine est le maire de La Rochelle! Je ne connais point cet honorable usinier, j'ignore même son nom ; mais je suis certain que, dans ses harangues municipales, il ne manque pas une occasion de parler avec émotion de la beauté de « notre chère ville de la Rochelle », des « impérissables souvenirs de son passé », de cette « couronne de tours » qui lui valut jadis le surnom de Cybèle, etc... Et c'est lui qui donne à ses compatriotes l'exemple du plus honteux vandalisme.

L'État peut et doit intervenir. Il est impossible que le service des beaux arts se désintéresse d'une pareille affaire. Il a lui-même décidé et encouragé la restauration de la tour de la Lanterne. Il a approuvé les travaux de l'architecte, travaux que, pour notre part, nous avons trouvé excessifs et aventureux; mais aujourd'hui la question de savoir si l'on devait refaire une lanterne et des balustrades est devenue oiseuse : l'ouvrage est achevé. Va-t-on maintenant laisser enlaidir et peut-être détruire un monument pour lequel on vient de gaspiller plus de cent mille francs?

*
* *

19 avril 1909.

Pour sentir tout le comique de ce qui va suivre, il est utile de connaître La Rochelle. Cependant, même si l'on n'a jamais mis le pied dans cette ville pittoresque et charmante, on trouvera peut-être quelqu'agrément aux propos de Motillon, l'ennemi des ormeaux.

Le 26 mars dernier, Motillon, « rapporteur de la commission des voies et chemins », présentait au Conseil municipal de La Rochelle un rapport où il demandait l'élargissement du trottoir sud de la place d'Armes, et l'abatage des ormeaux et fusains qui se trouvent sur ce trottoir. Voici les raisons de Motillon [1] :

« La circulation intense sur ce trottoir est difficile par suite de son étroitesse (qui n'a pas vu

---

1. *L'Echo rochelais* du 27 mars 1909.

la place d'Armes de La Rochelle ne peut soupçonner la bouffonnerie de cette « circulation intense ») ; en supprimant les arbustes et en enlevant le terre-plein près le mur, il sera facile, après un nivellement, de rendre ce même trottoir plus large et plus praticable. L'occasion s'offre ainsi de faire disparaître des fusains peu décoratifs (Motillon a du goût) et ne répondant plus aux raisons pour lesquelles ils ont été plantés (Motillon a le sens de l'utile) ; d'autre part, la construction d'un mur en briques recouvert d'un couronnement en pierre de taille formant corniche, disposé en avant du mur de clôture de l'hôpital Anfredy, *permettrait, tout en embellissant ce côté de la place, l'installation de cadres d'affichage.* (Motillon a le sens du beau.) Pour compléter la transformation de ce trottoir, on déplacerait l'urinoir, qui serait installé près de l'aubette des tramways et parallèlement au mur, et on procéderait à l'enlèvement des arbres existants qui, une fois déchaussés et privés d'une partie de leurs racines, deviendraient un danger pour la sécurité publique. L'ensemble de ces travaux s'élèverait, d'après les travaux établis, à une somme totale de 8.425 francs. »

Comme on fit remarquer à Motillon qu'il était inutile, sous prétexte d'embellir la place d'Armes, d'y abattre six ormeaux qui en étaient le seul ornement, il eut ce mot superbe : « Vous êtes trop conservateurs à La Rochelle ; *il faut faire du nouveau !* » Alors Montazaud vint à son secours et se moqua des conseillers qui voulaient sauver « six malheureux galeux sur le point de crever » et il ajouta : « Je ne suis pas l'ennemi des arbres, mais l'ami du progrès. »

Le Conseil n'écouta ni Montazaud, ni Motillon. Ce dernier, fort en colère contre ses rétrogrades collègues, fit le geste magnifique de déchirer son rapport, mais ce fut en vain : les « six galeux » seront respectés ; les fusains seuls seront sacrifiés et une innombrable cohue continuera de s'écraser sur le trottoir de la place d'Armes.

A La Rochelle, Motillon et Montazaud n'eurent donc pas la majorité. Mais ces deux « amis du progrès » se rattraperont ailleurs. *Il faut faire du nouveau*, c'est en vertu de cette maxime inepte qu'on déracine les vieux ormeaux... et beaucoup d'autres choses encore.

* * *

10 décembre 1909.

Lorsque le gouvernement mit la main sur les palais épiscopaux, il s'engagea à transformer en musées ou en bibliothèques tous ceux de ces édifices qui offraient un intérêt artistique ou historique. Voici aujourd'hui ce qui se passe à La Rochelle.

L'ancien évêché est un bel hôtel du xviiiᵉ siècle. Les salons du rez-de-chaussée y sont ornés de jolis lambris sculptés. La ville fit des offres à l'État pour l'acquisition de cet immeuble ; elle désirait y loger son musée de peinture et son musée d'histoire naturelle, qui se trouvent trop à l'étroit dans les locaux où ils sont actuellement installés. D'autre part, elle eût annexé à son jardin public le jardin qui dépend de l'évêché. Il semblait que rien ne dût entraver un pareil projet. Mais l'État fait maintenant la sourde oreille aux propositions de la ville. L'administration des postes réclame l'évêché pour y héberger le directeur et le service de la Caisse d'épargne postale. Il y a quatre ans, cette administration a fait élever sur la place de l'Hôtel-de-Ville une bâtisse considérable et affreuse, mais qu'elle juge maintenant insuffisante. Le directeur souhaite de quitter les appartements somptueux qui avaient été aménagés à son intention : ce fonctionnaire préférerait se loger dans les salons de l'évêque.

La Société des Amis des Arts et la Société des Sciences naturelles de La Rochelle viennent d'adresser une lettre au maire de La Rochelle pour lui demander d'avertir M. le Sous-secrétaire d'État aux Beaux-Arts des injustes prétentions de l'Administration des Postes. « Vous savez, écrivent-elles, combien M. Dujardin-Beau-

metz est sympathique à notre ville... » Hélas !
Hélas ! à quelle ville M. Dujardin-Beaumetz n'est-
il pas sympathique ?

*
* *

27 mai 1910.

Des Rochelais qui veulent bien se souvenir
qu'en maintes occasions j'ai pris la défense de
leur admirable cité contre les démolisseurs et les
« embellisseurs », m'envoient deux images : la
photographie de la maquette d'une statue destinée à décorer la place de l'Hôtel-de-Ville, et le
croquis de la gare que veut édifier l'administration des chemins de fer de l'État.

La Rochelle désire élever un monument au
maire Jean Guiton, qui, lors du fameux siège de
1628, organisa et dirigea la résistance de la ville
aux troupes du roi. L'intention en elle-même
n'est point blâmable. Etait-il pour cela nécessaire d'enlaidir par une banale statue la place
de l'Hôtel-de-Ville ? Comme à beaucoup d'autres
il m'avait semblé qu'on aurait pu imaginer
quelque commémoration moins vulgaire et
moins encombrante. Or, ce n'est pas la vue de la
maquette du futur monument qui me fera changer d'avis.

On ignore la mine et les traits de Jean Guiton : point d'estampe, point de document qui

permette au sculpteur d'exécuter un portrait. Puisqu'il ne peut rechercher la ressemblance physique, l'artiste devrait au moins s'efforcer d'accorder avec la légende l'attitude du personnage et le caractère du monument. Nous ne savons rien, avouons-le, de Guiton, sinon qu'il était doué d'une indomptable énergie, qu'à la mairie, il jeta son poignard sur la table de marbre de la maison de ville, jurant qu'il en percerait le cœur au premier qui parlerait de rendre La Rochelle, et qu'ensuite il réprima sans pitié la sédition des bourgeois las de subir le blocus et la famine. Nous nous le figurons sous les traits d'un huguenot opiniâtre, sévère dans son accoutrement, et nous verrions volontiers son image héroïque et austère, dressée sur un socle nu, où l'on aurait simplement gravé le nom de Guiton et un verset tiré des livres des Macchabées. Je ne dis point que tel ait été le véritable Guiton, je l'ignore, mais c'est bien celui-là qui est dans l'imagination populaire, et qu'il fallait mettre sous nos yeux.

Or, on veut nous montrer un beau mousquetaire dont le manteau dénoué claque au vent avec des plis berninesques ; il rejette la tête en arrière, sa main gauche s'appuie sur son épée, son bras droit est tendu vers la terre. On connaît ce geste, c'est celui du baryton qui, s'avançant vers le trou du souffleur, entonne le motif guerrier d'un final de Meyerbeer, le motif que le chœur reprendra *fortissimo* en brandissant des épées. Et le piédestal ajoute encore à l'inconvenance du monument, un piédestal octogone posé sur une base ronde, flanqué de quatre petits tas de boulets de canon, et orné des armes et d'une vue de La Rochelle.

On dira peut-être que cette sculpture théâtrale convient à une place publique et que notre austère monument eût pauvrement orné la ville. Peut-être. Mais cette place pouvait se passer d'une statue, et, comme l'idée de glorifier Guiton fut la principale raison de l'entreprise, l'essentiel était que la statue répondît à cette intention. De tout cela concluons que le plus sage eût été de n'élever aucun monument à Guiton. Personne n'eût blâmé les Rochelais, s'ils s'en étaient tenus à ce parti économique et prudent.

Le projet de la gare monumentale dont on veut doter La Rochelle est bien plus inquiétant que celui de cette statue commémorative. Les dessins du futur chef-d'œuvre ont soulevé l'enthousiasme du Conseil municipal ; le projet dressé par l'architecte des chemins de fer de l'État a été adopté par la ville, il y a deux ans déjà. La Rochelle dépensera pour sa gare 400.000 fr. On annonce que les travaux commenceront bientôt.

S'il en est temps encore, il faut supplier les

REMPARTS DE LA ROCHELLE

Rochelais de revenir sur leur imprudente résolution. Qu'ils fassent construire une gare, s'ils y tiennent, mais pas celle-là, pas celle-là ! Entre deux ailes d'un style qui prétend rappeler celui de la Renaissance s'étend la longue façade du principal bâtiment, percée de grandes ouvertures cintrées qui rappellent celles de la gare d'Orsay à Paris. Mais la trouvaille, c'est les tours ; il y en a trois : deux petites, coiffées de dômes, qui flanquent la façade, et une grande, immense, coiffée, elle aussi, d'un dôme que termine un lanternon. De toutes les tours qui donnent à La Rochelle sa physionomie propre, la plus élevée sera désormais celle du chemin de fer.

Si l'on considère le dessin de cette lourde et ambitieuse construction, et si l'on se rappelle la vieille tour de la Grosse-Horloge qui, sur le quai du port, surmonte une des portes de l'ancienne ville, on comprend alors combien il eût été sage d'imaginer une gare plus modeste. Ce n'est pas un chef-d'œuvre d'architecture que cette Grosse-Horloge dont la tour carrée du XIVe siècle fut en 1746 augmentée de tourelles d'angle et surmontée d'un édicule classique assez mal proportionné. Cependant elle produit un effet charmant, malgré ses discordances de style, parce que ses dimensions sont justes, raisonnables et assorties à celles de la ville même. Ce sont justement ces qualités qui manquent à la tour ridicule dont on voudrait orner la gare nouvelle. Et, sans doute, il est parfois imprudent de juger une architecture sur un simple croquis ; mais ici la faute de goût est par trop évidente ; elle saute aux yeux.

*
* *

3 juin 1910.

A propos de la statue de Jean Guiton que les Rochelais voudraient élever devant leur Hôtel de Ville, M. Louis Batiffol, l'historien de Louis XIII, m'écrit :

« Je m'associe à ce que vous écrivez au sujet de la statue de Guiton à La Rochelle. Le projet de statue proposé est faux. Jean Guiton, maire de La Rochelle, était un petit homme rude, sec, farouche, un protestant austère. Il n'avait rien du mousquetaire à allure de capitaine Fracasse qu'on représente. Il existe dans l'iconographie du temps nombre de documents nous permettant d'indiquer son costume et son apparence : cela n'a aucun rapport avec la statue projetée. Il a été, dans la lutte, âpre et inflexible, mais non théâtral. J'ajoute incidemment que l'histoire du poignard jeté sur la table est une légende, aucun texte contemporain ne le signalant. Ce qui est vrai, c'est qu'au moment de son élection, il déclara qu'il ne fallait pas le nommer, si l'on n'était pas décidé à résister jusqu'au bout. Mettons qu'il mérite une statue, le sergent Bobillot en a bien une, tandis que Richelieu et le grand Condé n'en ont pas. Au moins que cette statue ne vienne pas donner des idées fausses. »

Je suis heureux de voir mes impressions confirmées par un historien dont l'érudition inspire toute confiance. Mais il y a dans la lettre de M. Louis Batiffol deux mots bien dangereux. Quand on juge qu'un personnage historique n'est peut-être pas assez considérable pour mériter une statue, il ne faut jamais rappeler les noms de personnages plus considérables à qui la postérité a marchandé le même hommage. Il est superflu d'offrir des idées aux entrepreneurs de monuments. Il n'y a nulle part de statue de Richelieu : ne le dites pas, un sculpteur vous entendra. D'ailleurs, n'a-t-on pas déjà formé l'inutile projet d'en élever une dans la ville de Richelieu, où le cardinal n'est jamais venu ? Quant à Condé, le péril est moins redoutable, depuis que le duc d'Aumale est mort. Cependant, le silence serait prudent. Êtes-vous certain qu'il ne se trouvera pas à Chantilly quelque « généreux Mécène », désireux de doter sa ville d'une statue équestre ?

Le personnage représenté nous est aussi indifférent qu'au sculpteur lui-même. Ce qu'il souhaite et ce que nous craignons, c'est la statue. Elle est souvent très laide et n'est jamais à sa place.

* *

17 août 1913.

Depuis la fondation du port de La Pallice, La Rochelle se développait, hors les murs, vers le couchant et, par conséquent, tout semblait promettre que les monuments et les aspects de la ville d'autrefois seraient épargnés. Malheureusement, depuis quelques années, les Rochelais n'ont pas su tenir tête à la redoutable coalition des ingénieurs et des architectes. D'une ville magnifique et pittoresque ils auront fait bientôt une ville banale, sans charme, sans caractère.

Je ne dis rien des sculptures dont ils ont en ces derniers temps décoré leurs places publiques : le cavalier saugrenu qui caracole sur une étroite placette pour commémorer l'auteur de *Dominique* ; le fringant Guiton ; l'affreux monument aux combattants de 1870 élevé au milieu des ormes de cette place Valin qui formait un des tableaux les plus originaux du port de La Rochelle... Pas une grande ville de France qui n'ait, depuis vingt ans, à se reprocher de pareilles aberrations ; à cause de la beauté de La Rochelle, elles sont plus calamiteuses ici qu'ailleurs ; mais, aujourd'hui, il s'agit d'un autre désastre bien plus grave.

Toutes les fortifications de Vauban sont déclassées. On va raser les remparts sur les trois quarts de leur étendue et abolir ainsi la physionomie militaire de la ville ancienne. Deux belles portes du XVIIe siècle, la porte Royale et la porte Dauphine, qui, heureusement, sont classées comme monuments historiques, seront conservées ; mais la première restera isolée entre deux voies nouvelles, la seconde sera laissée sur le côté d'une grande route, comme une vieille guérite abandonnée.

A l'Est de la ville s'élevait un ouvrage avancé, dit « ouvrage à cornes » ; l'eau de la mer remplissait les fossés et des arbres superbes s'élevaient au-dessus des talus gazonnés. Cette entrée de la ville était charmante. Rien n'eût été plus facile que de transformer cet ouvrage en un jardin pittoresque ; mais il fallait à La Rochelle une gare neuve, une gare de plusieurs millions, et il fallait que cette gare fût rattachée à la ville par un boulevard grandiose, un boulevard large de trente mètres, un boulevard *bordé de maisons à arcades;* car c'est là que nos bons Rochelais deviennent ridicules et touchants : ils détruisent d'admirables monuments du passé, comme cet ouvrage de Vauban, mais ils veulent qu'on leur construise une gare *Renaissance* et une « avenue de la Gare » dans le style des vieilles rues de la ville ! Esthétisme, vandalisme, bric-à-brac et nigauderie, c'est tout notre temps.

Après bien des hésitations, l'on s'est décidé à conserver l'ancien rempart sur une partie du front ouest, le long du parc qui fut naguère créé en cet endroit. Encore n'a-t-on consenti à maintenir ces fortifications qu'à condition de diminuer le vallonnement des fossés et de tracer, au travers du parc, un nouveau boulevard qui va couper en deux une ancienne redoute jusqu'à présent respectée.

Ce dernier projet municipal a été soumis à diverses commissions, la commission municipale des sites et monuments naturels, le comité départemental du Touring-Club, la commission des arts et monuments historiques de la Charente-Inférieure, qui naturellement l'ont approuvé. Elles ne pouvaient que féliciter la municipalité de ne pas laisser disparaître cette partie de l'enceinte fortifiée ; mais on avait négligé de convoquer et de consulter ces mêmes commissions, quand il s'était agi de raser tout le reste des remparts et l' « ouvrage à cornes ». La même comédie se joue dans toute la France. Il y a des commissions officielles et officieuses chargées de la protection des monuments et des sites. Une municipalité veut-elle démolir? Elle agit comme si ces commissions n'existaient pas. Veut-elle, par hasard, conserver ? Elle s'empresse de réunir toutes les commissions et se fait tresser des couronnes [1].

[1]. Actuellement tous ces affreux projets sont en cours d'exécution : la gare « monumentale » est à peu près terminée ; les plans de l'avenue à arcades sont arrêtés ; l' « ouvrage à cornes » n'existe plus ; les remparts vont être abattus sur le front est de la place. Notons cependant que l'évêché est sauvé, qu'il appartient désormais à la ville et qu'on y doit placer un musée d'histoire naturelle.

II

BROUAGE

16 septembre 1910.

A une lieue de Rochefort, un bac traverse la Charente. Des charrettes, des guimbardes et des autos descendent la pente sablonneuse, et s'entassent pêle-mêle sur le radeau qui lentement gagne la berge opposée, maintenu contre le courant par un petit bateau à vapeur. Quelle bonne fortune que de rencontrer un vieux bac sur notre chemin ! Il calme notre manie de vitesse, et évoque un instant le pittoresque des voyages de jadis.

Sur la rive gauche, le village de Soubise couronne une petite éminence qui, au milieu de la plaine illimitée, prend l'aspect d'une colline. Plus loin se dresse, comme un signal, la flèche dentelée de l'église de Moëze.

C'est dans le cimetière de Moëze que s'élève un charmant et mystérieux monument de la Renaissance, une sorte de mausolée, entouré de co-

MONUMENT DE MOËZE

lonnes corinthiennes et surmonté d'une pyramide qui se termine en croix. Émerveillé de la grâce du plan, de l'élégance des colonnes, de la délicatesse des ornements, on voudrait savoir quelle fut la destination de ce délicieux édifice. Sur la frise, se déroule une inscription latine, lisible encore malgré quelques lettres effacées, et dont voici la traduction : « Les enfants des Hébreux, portant des rameaux d'oliviers, viennent au devant du Seigneur, criant et disant : *Hosanna in excelsis!* Les foules accourent avec des fleurs et des palmes. » C'est pourquoi les archéologues ont appelé le monument de Moëze une *croix hosannaire*. Nous ne savons rien de plus. Contentons-nous de goûter l'admirable tableau que forment, sur l'azur pâle du ciel saintongeais, le petit temple à demi païen, les grands cyprès du cimetière, et le fin clocher de l'église de Moëze [1].

---

1. Un archéologue m'a envoyé à ce sujet l'intéressante communication que voici :

« Les croix *hosannaires*, ou plutôt *hosannières*, ne sont pas rares dans les contrées de l'Ouest, et peut-être aussi dans d'autres régions. A vrai dire, chaque paroisse devait avoir la sienne. Mais, si quelques-unes, comme celle de Moëze, sont de véritables monuments, la plupart n'étaient que d'humbles croix de bois ou de pierre, sans aucun caractère artistique ou architectural.

« Chacun sait que le dimanche des Rameaux, avant la messe, on fait une procession destinée à figurer l'entrée triomphale du Christ à Jérusalem. D'après nos anciens rituels gallicans, la procession s'arrêtait auprès d'une croix, érigée de préférence au milieu du cimetière : « *Statio fit ante crucem in coemeterio, vel alio loco publico stantem* ». (*Missale Pictaviense*, 1767). Le diacre ou le célébrant chantait le passage de l'Evangile selon saint Mathieu qui raconte les faits dont on commémorait le souvenir ; puis tous les assistants, clercs et fidèles, défilant devant la croix, jetaient à ses

La route serpente à travers les marais, suivant les sinuosités d'une ancienne chaussée. Comme un damier de miroirs, quelques salines dessinent leurs rectangles symétriques. Au loin, à travers les herbages, glisse lentement la voile pourpre d'une barque voguant sur un canal invisible. Puis, entre les arbres du chemin, au milieu de la plaine sans fin, apparaît soudain Brouage, îlot bastionné, couronné d'un massif d'ormeaux. A rencontrer cette forteresse perdue dans une morne solitude, on ressent la même surprise mélancolique que si l'on trouvait une vieille

---

pieds une branche du rameau vert qu'ils tenaient à la main (*Office de la semaine sainte, à l'usage de Rome et de Paris, dédié à la Reine pour l'usage de sa maison*, Paris 1738). Nul doute que la croix *hosannière* du cimetière de Moëze, comme bien d'autres auxquelles on donne le même nom, n'ait été érigée pour servir de lieu de station à la procession des Rameaux. Au besoin l'inscription gravée sur son piédestal en ferait foi. Quant à l'appellation même de croix *hosannière*, elle s'explique aisément, soit parce que l'on chantait devant elle l'*hosanna*, soit parce que le jour où l'on s'y rendait était souvent appelé le dimanche d'*hosanna*, soit enfin, du moins dans certaines contrées, par exemple en Poitou, et aussi, je crois, en Saintonge, pour une autre raison. Le buis lui-même que les fidèles portaient à la procession, avait reçu, dans la langue populaire, le nom d'*hosanna* : la croix *hosannière* était celle où l'on venait apporter les rameaux d'hosanna.

« Cette cérémonie n'a plus lieu aujourd'hui. Suivant le rite romain, la procession, qui doit toujours se faire au dehors, ne comporte aucune station, et l'Evangile qui se lisait autrefois au pied de la croix se lit dans l'église même. Le souvenir de l'antique usage n'est cependant pas complètement perdu. Je sais telles paroisses du Poitou où, le dimanche des Rameaux, après la messe, les fidèles se rendent encore au cimetière, pour visiter les tombes de leurs parents et y planter la branche d'hosanna. »

armure rouillée au fond d'un manoir abandonné.

La nature, amie des ruines, a décoré de verdures l'inutile citadelle ; les grands arbres, balancés par le vent du large, dressent leurs panaches au-dessus des parapets de briques, comme les frondaisons d'un parc sur les terrasses d'un château du temps de Louis XIII. Et ce bosquet imprévu, dominant les grèves immenses d'où la mer s'est à jamais retirée, rend un peu moins poignante la tristesse du paysage.

Le flot est venu jadis battre ces murailles qu'une plaine de deux lieues sépare maintenant du rivage ; mais la seule trace du hâvre où s'abritèrent des flottes de guerre, est un étroit canal qui traverse les marais et passe au pied du rempart.

Les fortifications ont tenu bon. Sans doute elles seraient hors d'état de soutenir un siège, l'assiégeant n'eût-il d'autres armes et d'autres engins que ceux du XVIIe siècle ; les portes qui fermaient la place se sont écroulées, il y a une trentaine d'années, et la route, pour traverser la ville, franchit une double brèche ; çà et là les murs sont délabrés. Mais l'ensemble des défenses demeure tel que l'a conçu et exécuté l'ingénieur d'Argencourt, sur les ordres du cardinal de Richelieu, et c'est un admirable spécimen de l'architecture militaire antérieure à Vauban.

C'est ici qu'on peut admirer l'éternelle beauté

d'une œuvre qui fut, en son temps, rigoureusement appropriée à ses fins. Ces remparts surannés nous émeuvent par la fierté de leur carrure, par l'énergique dessin de leurs éperons de pierre ; ils gardent la crâne élégance par où se signalèrent toutes les créations du génie français dans la première moitié du xviie siècle ; l'art le plus délicat et le plus sobre semble avoir dessiné les encorbellements des guérites aux angles de la fortification ; tout a été aménagé pour les besoins de la guerre, rien pour l'agrément, et tout, aujourd'hui, nous enchante par sa magnifique perfection. Le temps y ajoute ses prestiges : les pierres blanches se sont nuancées d'or pâle sous le soleil ; entre les blocs disjoints, les fers qui assuraient la solidité de l'appareil, ont laissé des traînées de rouille ; ailleurs, le mur se fleurit d'une touffe de pariétaires, ou disparaît sous une écharpe de lierre. Mais nous pourrions ici nous passer des charmants et romantiques sortilèges de la ruine, nous serions encore saisis d'admiration à la vue de cette forteresse nue, et qui, pour tout ornement, porte les armes du cardinal, sculptées au front de ses défenses.

A l'intérieur de ses remparts, Brouage offre l'aspect d'une ville morte, un véritable champ de ruines. Longtemps on y maintint une poudrière et un magasin d'artillerie, on y utilisait ainsi quelques vieux bâtiments. Maintenant, l'administration militaire a déclassé la place. Un poste de douaniers et une centaine d'habitants demeurent aujourd'hui dans cette enceinte qui, au temps de la prospérité de Brouage, renferma plus de 4.000 âmes. Le plan symétrique de la ville de guerre est encore visible ; mais les édifices anciens ont depuis longtemps disparu, et leurs pierres ont servi à enclore des champs de pommes de terre et de maigres plants de vignes. Çà et là quelques masures sont encore debout ; à la porte de l'une d'elles, un écriteau porte cette enseigne : *Rigolarium*. Cela n'est pas du tout ce que nous sommes venus chercher parmi les décombres de Brouage. Mais, ici, tout a été depuis si longtemps bouleversé que les vestiges du passé sont devenus bien rares ; des archéologues y feraient une médiocre moisson.

Un douanier nous montre une pierre qu'il a découverte dans un jardin : on y voit inscrits, au-dessous d'une croix de Malte, la date de 1619 et le nom d'un « commandeur de Pothoville ». Il y avait donc à cette place un cimetière, peut-être celui des Récollets, qui possédèrent un monastère à Brouage.

Sur l'ancienne place d'armes, devant l'église, s'élève une petite colonne à la mémoire de Champlain, fondateur de Québec, qui, selon la tradition, serait né à Brouage. Mais la tradition dit-elle vrai ? On l'a contesté.

Dans l'église dont les voûtes menacent ruine, sont ensevelis d'anciens gouverneurs de la place, parmi lesquels un certain seigneur de Carnavalet. Celui-là appartenait à la vieille famille bretonne des Kerneveloy dont le nom s'était peu à peu déformé à la Cour de France. (La veuve d'un de ces Kerneveloy, au XVIe siècle, avait fait construire à Paris l'hôtel où logea plus tard Mme de Sévigné.) Le nom de Carnavalet est encore inscrit sur la cloche du clocher de Brouage. Mais de la personne et de la vie de ce seigneur de Carnavalet je n'ai rien pu savoir, sinon qu'il avait gouverné Saint-Brieuc avant de gouverner Brouage.

Si l'on veut animer d'un peu d'histoire l'étrange paysage de la forteresse déserte, il est heureusement ici d'autres souvenirs beaucoup moins vagues, beaucoup moins incertains : souvenirs de guerre et souvenirs d'amour.

*
* *

Brouage, dont les premiers remparts furent bâtis par Charles IX, joua un rôle important dans les guerres de religion du XVIe siècle. Il fut pris et repris par les catholiques et les protestants, et le prince de Condé, pour fermer le port, y coula vingt bâtiments chargés de terre et de cailloux.

BROUAGE

Plus tard, pendant le siège de La Rochelle, Richelieu fit de Brouage le centre de ses armements. Puis, quand La Rochelle eût été pris et démantelé, comme il importait au roi de posséder sur le littoral de l'Océan un port bien défendu, Richelieu chargea d'Argencourt d'élever les belles et puissantes fortifications que nous avons encore sous les yeux. En même temps, il fit débarrasser le chenal des vaisseaux dont Condé l'avait obstrué.

Il advint, quelques années plus tard, que le magnifique ouvrage de l'ingénieur d'Argencourt servit à un rebelle pour braver l'autorité du roi.

C'était au temps de la Fronde. Du Daugnon, un aventurier hardi et sans scrupules, qui, à faire la guerre maritime, avait pris les mœurs d'un pirate, était gouverneur du pays d'Aunis et des ville et château de La Rochelle. En 1650, mécontent de la Cour, il se mit dans le parti de Condé et voulut associer les Rochelais à sa révolte ; mais ceux-ci se tournèrent contre lui. Il se retira à Brouage, dont il était gouverneur, mit la place en état de défense et s'y déclara souverain. D'un ramassis de vagabonds il se fit une petite armée, équipa une flotte de quatorze vaisseaux et de six galères, et traita d'abord avec l'Angleterre, puis avec Philippe IV. Une escadre lui fut envoyée par l'Espagne, mais se fit battre dans le Pertuis d'Antioche. Du Daugnon, cependant, ne désarma pas. Mazarin était fort embarrassé. Il ne pouvait songer à mettre le siège devant Brouage, comme jadis Richelieu devant La Rochelle. Après son retour triomphal à Paris, il jugea opportun de traiter ou, pour mieux dire, de capituler. Le 18 mars 1653, Du Daugnon fut amnistié ainsi que tous ses complices ; en outre, il reçut cent mille écus et le bâton de maréchal. En ce temps-là, la révolte n'était point sans profits.

En 1689, Brouage perdit toute son importance militaire, Louis XIV ayant décidé de reconstruire les fortifications de La Rochelle. Bientôt les sables envahirent le port abandonné ; les remparts se détériorèrent ; les habitants émigrèrent. Puis la mer se retira, laissant la ville isolée au milieu de marais fiéveux, et nous avons vu ce qu'il reste maintenant de la cité florissante où régna Du Daugnon.

*
* *

Le 14 septembre 1659, au bruit des salves d'artillerie, un carrosse pénétrait dans Brouage par la porte de Rochefort et s'arrêtait devant le Gouvernement. Il amenait de La Rochelle les nièces du cardinal Mazarin, Marie, Hortense et Marianne, qui voyageaient sous la conduite de Mme de Venel. La garnison les reçut du mieux qu'elle put, et M. l'Intendant les traita magnifiquement.

De ces trois filles, la dernière, Marianne, était encore une enfant de douze ans, mais terriblement précoce, espiègle et bel esprit qui, de loin, accablait son oncle d'épîtres rimées. La seconde, Hortense, montrait, à quinze ans, une régulière et parfaite beauté. Quant à Marie, la mate blancheur de son visage avivait l'éclat de ses yeux noirs et de sa chevelure de jais ; ses traits et sa démarche trahissaient un cœur passionné ; elle retenait tous les regards, car on la savait aimée du roi, et nul n'ignorait que Mazarin l'avait exilée pour l'arracher à cet amour.

On sait les péripéties de la tragédie sentimentale qui allait se dénouer à Brouage.

Deux années durant, Louis XIV a tendrement aimé Marie de Mancini ; mais, un jour, le ministre et Anne d'Autriche ont redouté l'ascendant que la jeune fille prenait sur l'esprit de son ami : le roi leur échappait. En même temps Mazarin jugeait le moment venu de faire la paix avec l'Espagne et de sceller le traité en mariant le roi à l'infante : c'était le couronnement de la politique qu'il suivait depuis quatorze ans avec tant d'art et de patience. Sa nièce se trouvait en travers de son dessein : il lui avait intimé l'ordre de quitter la cour et de se rendre à La Rochelle. Le roi avait d'abord juré à Marie qu'elle serait reine de France, et que jamais il n'épouserait l'Espagnole ; mais, n'osant braver ouvertement ni le cardinal ni la reine, il avait fini par subir la séparation, à la condition qu'il pût écrire à l'exilée et qu'il lui fût permis de la revoir, quand la Cour se rendrait à Bayonne pour la conclusion de la paix. Lui-même en pleurant avait donné la main à Marie pour la conduire à son carrosse. Et Bérénice était partie pour La Rochelle.

Cependant Bérénice ne désespérait pas de reprendre le cœur de Titus. Elle recevait sans cesse des lettres interminables et pleines de promesses ; elle y répondait avec la même abondance et la même passion. Cette correspondance jetait Mazarin dans de telles alarmes qu'il en eut une attaque de goutte et de gravelle. En expédiant à La Rochelle Marie et ses deux sœurs, il avait eu soin de leur donner pour gouvernante ou, pour mieux dire, comme espionne, Mme de Venel, une adroite intrigante, dont la fidélité lui était acquise ; mais bien que la duègne fut rusée, il était inquiet ; sa nièce ne s'était-elle pas avisée, de demander son horoscope à un médecin arabe, grand astrologue, et qu'on disait même un peu sorcier : si l'Arabe de La Rochelle allait annoncer de royales destinées à cette Italienne superstitieuse ! Mme de Venel avait cru conjurer le péril en soudoyant le sorcier. Mazarin avait estimé plus prudent d'inviter cet Arabe à déguerpir. Puis il avait bien fallu tenir la promesse faite au roi : pendant deux jours, les amants s'étaient revus à Saint-Jean-d'Angély, et ils s'étaient repris à espérer que les négociations avec l'Espagne seraient rompues. Marie était revenue à La Rochelle un peu consolée.

Quelques jours plus tard, elle apprenait que Louis XIV avait laissé le maréchal de Grammont partir pour Madrid afin d'y demander en son nom la main de l'Infante. A cette nouvelle, comprenant que la partie était perdue, elle avait promis à Mazarin de ne plus répondre aux lettres du roi et demandé qu'on la mariât au plus vite. Le sacrifice accompli, elle s'était sentie si malheureuse, qu'elle avait voulu quitter La Rochelle, pour échapper aux fêtes et aux visites, elle s'en était allée à Brouage.

« Comme la solitude, écrit-elle dans le récit de sa vie, était plus propre à entretenir mes rêveries, je choisis le château de Brouage, comme un lieu où mes sœurs ni mes gens ne pouvaient se divertir, ni aller tous les jours à la comédie, comme ils faisaient à La Rochelle. Car enfin, il me semblait que tout le monde devait être compris dans mon affliction et que j'eusse été coupable des divertissements que les autres eussent pris. J'étais donc dans cette forteresse, d'où les plaisirs semblaient être bannis et où je n'en avais point d'autres que ceux que je recevais des lettres que le courrier m'apportait quelquefois, et des bontés de ma sœur Hortense, qui refusait souvent de suivre ma sœur Marianne pour me tenir compagnie...[2] »

Malgré les attentions de M. l'Intendant, malgré la présence des demoiselles de Marennes « quatre grandes filles bien faites », qu'on a mandées à Brouage pour tenir compagnie aux nièces du cardinal, c'est un austère séjour que cette étroite forteresse, perdue entre la mer et le marais, battue par la bise, empoisonnée par la fièvre. Hortense et Marianne s'y ennuient cruellement. Marie, tout en lisant Sénèque et en annotant Philostrate, attend avec impatience que Mazarin ait décidé de son avenir; mais le cardinal, maintenant qu'il se sent obéi, ne se presse pas de trouver un parti pour sa nièce; il l'engage à se distraire, à visiter l'île d'Oléron à se donner le divertissement de la chasse et de la pêche. Cependant elle souffre dans son amour trompé, dans son ambition déçue et surtout, peut-être, dans sa vanité blessée. Du roi, elle n'espère plus rien, et, fidèle à sa promesse, elle refuse de répondre aux lettres qu'elle ne cesse

---

2. Pour conter ce séjour de Marie de Mancini à Brouage, j'ai recours aux documents rares ou inédits que Lucien Perey a publiés dans son *Roman du Grand Roi*.

de recevoir. Elle veut qu'on sache bien qu'elle a elle-même rompu avant d'avoir été délaissée. De son côté, l'infidèle — peut-être compte-il encore sur quelque hasard pour le dispenser du mariage espagnol — ne veut pas qu'on l'oublie.

Un jour qu'elle rêve mélancoliquement sur la plage, au pied des remparts, quelqu'un lui annonce qu'un petit chien lui vient d'être adressé dans une corbeille, et que sur son collier est gravé : *A Marie de Mancini.* Elle rentre dans la ville et reconnaît un des petits de Friponne, la chienne favorite du roi. En même temps, l'émissaire qui apporte le chien, lui remet deux lettres et lui répète mot à mot ce que lui a dit son maître : « que le mariage est remis au printemps, que d'ici-là cent choses peuvent le rompre et qu'il lui jure de chercher lui-même à faire naître des obstacles ». Marie lit les lettres, écoute le rapport qu'on lui fait des propos du roi... et ne répond rien.

Après cette marque d'obéissance, Mazarin et la reine pourraient être rassurés. Cependant, pour exciter la jalousie de leur victime, ils imaginent un stratagème cruel et dangereux. Avant d'aimer Marie, le roi a paru montrer quelque penchant pour Olympe de Mancini, depuis mariée au comte de Soissons ; or, la nouvelle se répand à la Cour que le roi s'est « rembarqué » avec la comtesse de Soissons, et la comtesse elle-même se charge de l'annoncer dans une lettre qu'elle écrit à sa sœur, sur le conseil d'Anne d'Autriche. Marie furieuse écrit à son oncle pour se plaindre des méchants procédés d'Olympe, et sa colère donne à craindre qu'elle n'en vienne aux extrêmes. Alors le cardinal lui dépêche son âme damnée, Ondedei, évêque de Fréjus. Ce prélat scandaleux, « habillé, dit Retz, en vrai capitaine de comédie et chargé de plumes comme un mulet » est homme de ressources et d'intrigue. Il tâche d'apaiser le ressentiment de la jeune fille : comment, dit-il, peut-elle douter de l'amitié du cardinal ? celui-ci s'occupe de la marier au prince de Lorraine, et, si ce projet rencontrait de trop grandes difficultés, il a trouvé pour elle un autre parti : Don Pedro Colonna, vice-roi d'Aragon, un des plus grands seigneurs d'Espagne et d'Italie, jeune, bien fait, et qui possède deux palais à Rome ; qu'elle reste donc quelque temps encore à Brouage, pendant que ses sœurs retourneront à la Cour, cela contentera la reine Anne d'Autriche. Ces beaux discours n'obtiennent aucun succès. A l'idée de demeurer dans une solitude qui, aux yeux du monde, rendra son abandon plus manifeste, Marie éclate en sanglots ; Hortense et Marianne se mettent à pleurer en disant qu'elles ne quitteront pas leur sœur ; et devant

MARIE DE MANCINI
Par Mignard.
(Musée de Berlin.)

ce déluge de larmes, M. de Fréjus est bien forcé de battre en retraite. Quant au mariage Colonna, le piège est visible ; on entend éloigner Marie de la France à tout jamais : elle refuse. Dans le même temps, Mmes de Noailles, de Saint-Martin et de Motteville arrivent à Brouage, en voyageuses. Mlle de Mancini n'a pas de peine à deviner que la reine les envoie pour lui confirmer que Louis XIV est amoureux de la comtesse de Soissons. Elle consent néanmoins à les voir, puis prétexte un accès de fièvre et s'enferme ; la pensée qu'Olympe a pris sa place lui cause une peine intolérable. Ondedei, qui possède quelque expérience des passions humaines, comprend que le jeu devient périlleux ; il console Marie : on a exagéré, dit-il, quelques attentions du roi, et d'ailleurs, ne connaît-elle pas la méchanceté de Mme de Soissons? qu'elle garde donc ses sœurs auprès d'elle, si tel est son désir ; le cardinal veut son bonheur, et, puisqu'elle répugne à épouser le connétable Colonna, on mettra tout en œuvre pour faire réussir son mariage avec le prince de Lorraine. Mazarin confirme par une lettre les engagements de son émissaire. Il peut promettre à sa nièce *une cordiale amitié de la personne pour laquelle elle a la dernière estime.* « Elle m'a donné, ajoute-t-il, la charge expresse de vous en assurer de sa part, et de vous dire que rien n'est capable de la faire changer, quelque chose qu'on puisse dire ou écrire au contraire, sur des apparences qui n'ont aucun fondement. »

Cette assurance est la seule chose que peut maintenant souhaiter l'exilée. Sa douleur en est adoucie. En même temps Mazarin l'autorise à revenir à Paris où sa présence est sans péril, car le roi et la Cour passent l'hiver en Provence.

Après un séjour de trois mois et demi, toujours sous la surveillance de Mme de Venel, les trois demoiselles de Mancini quittent Brouage. Les deux plus jeunes montrent une grande allégresse, car Hortense n'a eu d'autre occupation que de sécher les larmes de sa sœur aînée, et Marianne, tout en alignant des rimes et en jouant à la poupée, a trouvé les « jours fort longs et l'argent fort court ». Dans cette triste forteresse, Marie a passé par les pires épreuves et connu des chagrins dont la lecture de Senèque n'a jamais consolé une amoureuse de vingt ans ; elle y a combattu les révoltes de son amour et de sa fierté, subi le tourment de la jalousie ; elle sait que désormais son destin est fixé, mais, à Paris, du moins, elle sera libre de travailler elle-même au mariage qui doit venger son orgueil... Et ce furent ainsi de charmantes étrennes que Mazarin offrit à ses trois nièces, en leur permettant, le 30 décembre 1659, de dire adieu aux marais de la Saintonge et aux fortifications de M. d'Argencourt.

Six mois plus tard, Louis XIV avait épousé l'Infante.

La Cour, ayant quitté Saint-Jean-de-Luz, regagnait Paris à petites journées, lorsqu'à Bordeaux, le roi déclara soudain que les reines continueraient leur voyage jusqu'à Saint-Jean-d'Angély, et qu'il irait seul passer trois jours à Brouage. Le souvenir de Marie n'était donc pas encore effacé. Le cardinal voulut suivre le roi pour diminuer le scandale de cette équipée, mais, à La Rochelle, le roi lui faussa compagnie, et n'ayant avec lui que trois jeunes gentilshommes dont Philippe de Mancini, frère de Marie, il prit le chemin de Brouage. Là il voulut habiter la même chambre où, pour l'amour de lui, Marie avait tant pleuré. Très avant dans la nuit, on le vit se promener seul sur le bord de la mer, « faisant de longs soupirs ».

Et ce fut l'épilogue du roman, car, à Paris, on s'empressa de conter au roi que Marie de Mancini encourageait les galanteries de Charles de Lorraine. En un instant, le dépit accomplit ce que n'avaient pu faire ni les supplications maternelles, ni la raison d'État, ni même la foi jurée à Marie-Thérèse : Marie fut oubliée.

Mazarin qui tenait au mariage Colonna eut le dernier mot, et Mme la Connétable partit pour l'Italie.

N'est-il pas vrai que Brouage, le triste Brouage, est un décor à souhait pour les dernières scènes de cette mélancolique aventure ?

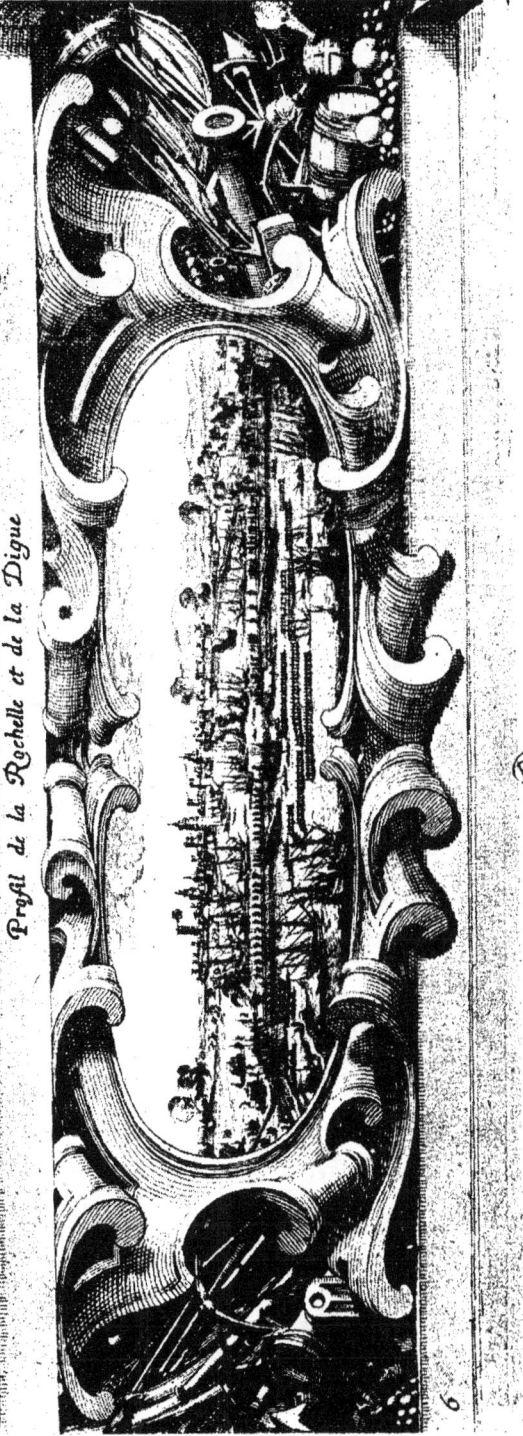

LE SIÈGE DE LA ROCHELLE
Par Callot.

III

LA VIE ET LES AVENTURES
DE NICOLAS GARGOT

14 octobre 1910.

En nous promenant à Brouage nous avons rencontré un assez singulier personnage, Louis Foucault de Saint-Germain, comte du Daugnon, qui, au temps de la Fronde, s'insurgea contre le roi de France. Ayant à ce sujet consulté le dictionnaire de Jal, j'appris que les « éléments de la biographie morale de Louis-Foucault se trouvent dans les *Mémoires de Nicolas Gargot* ». Jal ajoute que cet ouvrage curieux est devenu très rare. Je l'ai lu dans l'exemplaire que possède la Bibliothèque nationale, et les aventures du Rochelais Gargot m'ont paru si divertissantes que je me suis promis d'en faire le récit.

Ces mémoires ont été produits dans un long procès que Jean, frère aîné de Nicolas Gargot, intenta à la veuve du comte du Daugnon[1]. Ils

---

1. *Mémoires de la vie et des aventures de Nicolas Gargot, capi-*

ont été écrits d'après les relations de Nicolas, on peut même croire qu'ils sont en partie de sa main. Souvent diffus et traînants, ils se perdent dans des détails oiseux. Je les résumerai de mon mieux, sans me dissimuler que je leur enlève ainsi quelque couleur et quelque naïveté. Alexandre Dumas eût trouvé dans la vie de Gargot la matière d'un roman, puis du roman il eût tiré un mélodrame conforme aux règles du genre, car déjà dans *les Mémoires*, les deux protagonistes traditionnels se détachent avec un relief surprenant : Gargot, corsaire héroïque chevaleresque et infortuné, Rochelais de naissance, mais, à l'accent près, un parfait Gascon ; Du Daugnon, le méchant gouverneur, traître à son roi et persécuteur de l'innocence. Rien ne manque au scenario, pas même l'épisode de la belle et vertueuse inconnue qui compatit aux misères imméritées du héros. Enfin, ce héros a une jambe de bois, et l'on devine quel parti un dramaturge expert saurait tirer d'un tel accessoire. Il eût fallu seulement modifier le trop cruel dénouement de l'histoire, car, ainsi qu'on le verra, la malchance s'acharne sur l'honnête

---

taine entretenu par Sa Majesté dans la marine, pour servir de factum et d'instruction dans le procès qu'il avait intenté de son vivant au sieur comte Du Daugnon et que Jean, son frère, aussi capitaine de la marine, poursuit maintenant pour avoir réparation des injustices et des violences exercées par ce comte à l'endroit dudit capitaine. — Paris, 1663. In-4°; 156 pages.

Gargot, tandis que le scélérat Du Daugnon est comblé de richesse et fait maréchal de France. A défaut d'un roman d'aventures ou d'un drame de cape et d'épée, on pourrait encore, avec les malheurs de Gargot, composer les légendes d'une excellente image d'Épinal.

Contentons-nous de chercher dans ces *Mémoires* l'amusant tableau de l'existence d'un corsaire au XVIIe siècle. Çà et là je citerai le texte même du document, afin qu'on en goûte mieux la saveur.

*
* *

Nicolas Gargot naquit à La Rochelle en 1619. Son père Hilaire Gargot était marchand. Son grand-père maternel Jacques l'Ardeau, capitaine de marine, avait rendu à la France « le plus grand service qu'un particulier lui pût rendre ». En effet, Henri, roi de Navarre, se trouvant un jour à La Rochelle, tomba dans la mer entre deux vaisseaux. Jacques l'Ardeau se jeta à l'eau, en retira le roi, et le sauva sur ses épaules. Les Gargot étaient protestants.

L'enfant vit le siège terrible de 1628, sa ville humiliée, démantelée, l'hôtel de ville devenu l'hôtel du gouverneur, la revanche des catholiques vainqueurs, l'invasion des religieux et des moines, puis, après les premières représailles, la paix peu à peu rétablie, le commerce renaissant et le commencement de cette grande prospérité qui allait bientôt faire de La Rochelle une des villes les plus opulentes du royaume. Pour lui, une inclination naturelle le portait vers les armes, et, à treize ans, il en embrassa la profession. En 1636, il assista au grand combat que l'armée navale du roi livra contre quarante-sept galères d'Espagne, dans la Méditerranée, et, l'année suivante, à l'attaque de l'île Sainte-Marguerite. Il fut successivement commissaire et garde des magasins en Acadie, puis commis à la garde des côtes de Bretagne, sur une frégate. En 1645, il fit la guerre en Lorraine en qualité de commissaire de l'artillerie : au siège de La Mothe, il reçut une terrible mousquetade dans le genou droit. On le rapporta à La Rochelle, on lui coupa la jambe, et on lui mit une jambe de bois. Depuis lors, on l'appela toujours Gargot-la-Jambe-de-Bois, pour le distinguer de son frère.

Les suites de sa blessure l'empêchèrent de quitter La Rochelle pendant deux ans ; mais il entendait ne pas se laisser oublier et désirait s'assurer les bonnes grâces de la reine, afin d'obtenir quelque récompense. Ce fut à cette occasion qu'il encourut, pour la première fois, l'animadversion du comte Du Daugnon.

Celui-ci venait de prendre possession du gouvernement de La Rochelle et des pays d'Aunis. Dévoré d'ambition, âpre au gain et dénué de scrupules, ce jeune gentilhomme avait fait une rapide fortune. Il appartenait à une famille de La Marche où il semblait bien que le goût du brigandage fût héréditaire. Protégé par Richelieu et élevé à la Cour, il s'était attaché d'abord à la personne du duc de Fronsac, neveu du cardinal. Pourvu avant sa vingt-cinquième année d'une charge de vice-amiral, il avait fait la guerre navale sous M. de Brézé. Quand, en 1646, ce dernier eût la tête emportée par un boulet, au moment où il poursuivait la flotte espagnole battue devant Orbitello, Louis-Foucault du Daugnon, son lieutenant, se trouva le chef des forces françaises. Au lieu d'achever la défaite des Espagnols, il conduisit ses vaisseaux à Toulon, débarqua et, bien qu'on le mandât à Paris, gagna rapidement La Rochelle pour s'y installer dans le gouvernement qu'il tenait de Brézé. Son premier soin fut de mettre la main sur Brouage et d'en réparer les fortifications. Cette conduite avait excité quelques soupçons à la Cour, mais, tout en préparant sa trahison, Du Daugnon croyait politique d'ajourner l'heure de la révolte [1].

---

1. Sur le comte Du Daugnon, j'ai consulté : *Louis-Foucauld de Saint-Germain Beaupré, comte Du Dognon*, par G. Berthomier (Montluçon, 1890). — *La Souterraine, Bridiers, Breith, Saint-Ger-*

A La Rochelle, le nouveau gouverneur terrifiait la ville par ses exactions et ses violences. Une de ses premières victimes fut Nicolas Gargot.

Un jour, le comte vit passer dans les rues de La Rochelle deux jeunes chameaux, mâle et femelle. Il admira ces deux bêtes, les plus grandes et les plus belles qu'on pût voir, et déclara qu'il les voulait acheter. Leur propriétaire — c'était Nicolas Gargot — répondit que ces chameaux n'étaient pas à vendre, qu'ils lui avaient été envoyés d'Afrique par son frère aîné, et que son intention était d'en faire présent à la reine mère. Du Daugnon s'obstina, Gargot céda et ne fut jamais payé. Un autre jour, sortant de la maison de ville où il demeurait, le gouverneur remarqua deux belles peaux de tigre dans la boutique d'un pelletier de la rue Saint-Yon. « Comme ses mains allaient aussi vite que ses yeux », il fit savoir au pelletier qu'il les voulait, et il les eut, au même prix que les chameaux. Les peaux appartenaient aux frères Gargot qui, par-dessus le marché, payèrent le pelletier. Mais ce n'étaient là que menues pirateries, par lesquelles Du Daugnon se faisait la main.

Lorsqu'il fut en état de monter à cheval, Ni-

main-Beaupré et ses seigneurs, par Camille Jouhanneaud (Limoges, 1893), et le dictionnaire de Jal.

colas Gargot voulut rentrer au service du roi et, avant de quitter la Rochelle, alla prendre congé du gouverneur. Celui-ci était alors fort mal avec la Cour, aussi pria-t-il le Rochelais de remettre, en passant par Nantes, des lettres à M. de la Meilleraye. Gargot se chargea de la commission. Le comte se rétablit avec la Cour. Quant à Gargot, il reçut le commandement d'un vaisseau dans l'armée navale qui était alors envoyée à Naples, et, de cette campagne, il revint avec une charge de capitaine entretenu dans la marine et une pension de deux mille livres. Cependant, ses goûts aventureux n'étaient point satisfaits : en 1649, il demanda et obtint les ordres du roi pour prendre à Brest le vaisseau le *Léopard* et aller en course sur « les ennemis de l'Etat, les pirates et autres gens sans aveux ». Les risques et les profits du métier de corsaire l'avaient tenté. Mais le pauvre et brave Gargot était né sous une étoile enragée.

Il devait armer le *Léopard* sous cette condition que des prises qu'il ferait, le tiers reviendrait au roi, à cause de la propriété du navire; les deux autres tiers lui appartenaient; un dixième était réservé à la reine, Anne d'Autriche, parce qu'elle avait la surintendance générale de la navigation et du commerce de France. Il revint à la Rochelle pour y lever des mariniers et des gens de guerre. Du Daugnon le lui permit, en exigeant qu'il amenât le *Léopard* dans le port de La Rochelle et lui donnât, à lui, Du Daugnon, un tiers d'intérêt dans l'armement, ce que Gargot fut bien obligé d'accepter. Mais, quand, le contrat signé, il réclama à son associé les fonds que celui-ci devait verser pour sa part d'armement, il fut éconduit : cette somme, disait-on, lui serait remise plus tard, au retour de l'expédition. Et Gargot dut encore consentir, car le terrible gouverneur le menaçait de placer un autre capitaine sur le *Léopard*. Enfin, il mit à la voile.

Quelques mois durant, il croisa sur les côtes de Bretagne, puis sur celles d'Espagne, et arrêta nombre de navires qui trafiquaient pour le compte des ennemis du roi. Comme il revenait à La Rochelle, y ramenant ses prises, il rencontra l'armée navale de Du Daugnon qui s'apprêtait à remonter la Gironde. Il reçut l'ordre de joindre son navire aux dix-sept vaisseaux, six galères et douze brulots qui, sous les ordres du comte, allaient châtier les Bordelais révoltés ; le gouverneur de La Rochelle n'avait pas encore déserté la cause du roi. Gargot obéit ; mais tandis qu'il demeurait à son bord, son ennemi ourdissait une intrigue pour le dépouiller de son bien. Des marchands de Saint-Malo et de Rouen, qui prétendaient ravir au corsaire rochelais le bénéfice de ses prises, proposèrent cinquante mille livres au comte qui les accepta et fit leur jeu. Dès qu'il fut rentré à La Rochelle, Gargot se débattit et protesta. Du Daugnon entra dans une furieuse colère, accusa son associé d'avoir glissé une pierrerie fausse dans sa part de butin, et, blasphémant le saint nom de Dieu d'une manière horrible, fit enfermer les deux Gargot dans une chambre de son hôtel. Un juge de l'amirauté, homme de paix et de conciliation, conseillait aux prisonniers de s'accommoder avec le tyran ; mais Nicolas jurait qu'il lui était « aussi peu possible de trouver un accommodement avec lui qu'à la brebis d'Esope avec le loup qui, ayant fait dessein de la manger, lui aposta une querelle ». Cependant Du Daugnon exigeait qu'on lui apportât certains coffres restés au logis des Gargot. Ceux-ci ne s'y refusaient pas, à condition que le transport se fît de jour. L'autre qui ne tenait pas à rendre le public témoin de ses abus de pouvoir, voulait que ce fut de nuit. Comme les Gargot s'entêtaient, il se livra aux derniers emportements : il désarmerait leur navire, il les ruinerait, il les ferait périr à petit feu ! Il fallut bien en passer par ses volontés. Les cassettes furent apportées de nuit, ouvertes et vidées...

Sur ces entrefaites parvint à La Rochelle la nouvelle de l'arrestation du prince de Condé.

Du Daugnon en conçut quelque inquiétude, fit venir Gargot, s'excusa de ses dernières violences, protesta que tous leurs litiges se pourraient arranger : le corsaire n'avait qu'à reprendre la mer. Gargot, à son tour, ne voulut rien entendre. Son dessein arrêté était de se rendre à la Cour pour se plaindre des injustices dont on l'avait accablé. Il vint donc à Paris, vit la reine et Mazarin, reçut l'assurance que toute satisfaction lui serait accordée... et, à son retour, trouva son vaisseau désarmé et pillé : plus un coffre, plus une pistole, plus un baril de vin. L'argent avait été dérobé par le gouverneur, et le vin bu dans sa maison, « comme son aumosnier le put bien dire » ; et, non content d'avoir volé Gargot, on l'accusait maintenant d'avoir soustrait l'argent du roi ! Le malheureux reprit la route de Paris, et, après toutes sortes de difficultés, car à la Cour les amis de Du Daugnon travaillaient contre lui, finit par obtenir de Mazarin l'ordre d'armer de nouveau le *Léopard* et de conduire ce navire à Dunkerque : il serait payé de ses dépenses, mais « le bien des affaires du roi désirait qu'il dissimulât pour quelque temps les outrages et les violences qui lui avaient été faites par M. le comte Du Daugnon ». Il laissa donc son frère derrière lui pour veiller à ses intérêts, retourna à La Rochelle et se présenta au comte qui fut, cette

COMBAT NAVAL
Par Callot.

fois, obligé de s'incliner devant les ordres formels du roi. Il conduisit le *Léopard* à Dunkerque et reçut de M. d'Estrades un ordre de course, mais point d'argent. Il n'en partit pas moins pour Terre-Neuve où il rencontra « une glace plus grosse que le Louvre », revint aux Açores, fit radouber son navire à Lisbonne et, pendant trois mois, erra dans les parages des Canaries, attendant le passage de deux navires espagnols qui avaient quitté La Plata et valaient chacun plus de 500.000 écus.

Donnant la chasse à un vaisseau turc, il se rapprocha des côtes d'Afrique et vint mouiller dans la rade de Salé. Il y rencontra une frégate, la *Rose d'Or*, qui appartenait à un marchand juif de Salé et au gouverneur de Tétouan, mais naviguait sous le pavillon espagnol; il s'en empara et la ramena vers les Canaries, heureux du secours qu'allait lui donner ce second vaisseau contre les navires qu'il guettait. Ce fut alors qu'une terrible catastrophe jeta Gargot dans un suite d'affreuses aventures.

*
* *

Le dimanche 27 septembre, après la prière du soir, le capitaine assemble ses hommes et leur annonce que, les provisions s'épuisant, il est indispensable de diminuer les rations. L'équipage feint de s'y résigner; mais Gargot sait bien qu'il y a sur le *Léopard* quelques traîtres, suppôts du comte Du Daugnon, il redoute une mutinerie. Il fait donc charger deux pièces de canon, l'une à l'avant et l'autre à l'arrière, et descendre tous les coffres à fond de cale, puis ordonne aux caporaux et sergents de se coucher près de leurs soldats, l'épée au côté. Les prisonniers de guerre sont enfermés dans la fosse aux câbles. Lui-même passe la nuit sur la dunette avec un de ses pilotes hollandais, auquel il fait raconter ses voyages dans les Indes orientales.

Le soleil levé, il appelle son lieutenant, lui enjoint de continuer les mêmes ordres jusqu'à dix heures du matin, se retire dans sa chambre et s'endort; mais il est tout à coup réveillé par un grand bruit. Pendant son sommeil, la révolte a éclaté : les caporaux et les sergents intimidés ou complices, ont laissé les mutins s'emparer de la chambre des canonniers, mettre les prisonniers en liberté et jeter les officiers dans la fosse aux câbles ; dans l'entrepont, quelques hommes fidèles à leur capitaine ont engagé un combat à coups de piques, de grenades et de pistolets.

Gargot a coutume de garder près de lui son valet pour le réveiller, s'il en est besoin; mais ce valet, un petit Turc qu'il a pris sur les Espagnols, fait partie de la conspiration, et son premier soin, son maître endormi, a été de dérober la jambe de bois et de la cacher sous le lit, si bien que le malheureux estropié est pris au dépourvu, quand il voit une vingtaine de furieux envahir sa chambre, la pique à la main, en poussant des cris de mort. Il pare les premiers coups avec une baïonnette qui lui sert de couteau, empoigne un formidable in-folio, l'*Hydrographie du Père Fournier* et s'en fait un bouclier ; en même temps, il accable ses agresseurs de reproches et de menaces ; mais des coups l'atteignent aux bras et aux cuisses ; l'*Hydrographie du Père Fournier* lui tombe des mains. Il prend un matelas dont il s'abrite. Un des pilotes, qui est parvenu à le rejoindre lui passe deux pistolets placés derrière le chevet de son lit. Gargot ainsi armé tente une sortie : vingt piques lui barrent le chemin. Il décharge ses pistolets et ne tue personne : le coquin de Turc qui a caché la jambe de bois, à dû retirer les balles ! Il se fait une arme de ce qui lui tombe sous la main, lance sur les assaillants tous les livres de la bibliothèque de son lieutenant, un grand liseur, parvient à saisir quelques-unes des piques qui le menacent, les brise et en jette les tronçons à la tête de ses ennemis. Il ruisselle de sang. Cependant, les traîtres se décident à amener une pièce de canon devant la dunette. Tandis qu'ils amorcent le canon, Gargot a retrouvé sa jambe de bois, se l'accommode et se met en état de sortir. Un coup de pistolet l'abat, et il tombe évanoui à la bouche du canon. Ses assassins qui le croient mort lui passent par-dessus le corps avec des cris de joie, se ruent dans l'intérieur de la dunette pillent tout. Ils sont maîtres du vaisseau et arborent la bannière d'Espagne.

Revenu à lui, Gargot obtient qu'on lui donne à boire un peu d'eau et qu'on lui amène son lieutenant : « Voyez, Monsieur, dit-il à celui-ci, comme m'ont traité les gens que je nourrissais et à qui je donnais mon argent. Si Dieu vous fait la grâce de vous ramener au pays, racontez-le à M. d'Estrades, et le priez de ma part d'assurer la Cour que je meurs très bon serviteur du Roy... » Ses bourreaux, qui le croient mortellement atteint, le laissent étendu dans la chambre du lieutenant sans même panser ses blessures. Dans cette extrémité, Gargot songe tout de bon à sa conscience.

« ...D'abord, se remettant dans l'esprit tout le cours de sa vie qui avait été si traversée, il eut quelque espèce de joie de la quitter ; mais y songeant plus profondément, il se souvint qu'il avait quelquefois prié la Vierge de lui être en aide et d'intercéder auprès de son fils qu'il voulût lui faire miséricorde, s'il était vrai qu'elle entendît nos prières. Il eut donc recours à son intercession et promit à Dieu que, s'il pouvait sortir de là, il se ferait instruire dans la Religion Catholique Romaine, puisque ceux de la Religion où il avait toujours été nourri, avaient été si malheureux que de l'assassiner et de prendre le temps qu'ils allaient faire leurs prières, pour compléter cet assassinat. Il voua aussi que, lorsqu'il serait converti, il irait en Jérusalem remercier la Bonté Divine d'une si grande grâce; il n'eut pas plus tôt fait ce vœu qu'il lui sembla voir une lumière extraordinaire, dans laquelle était un crucifix, supporté par derrière d'une parfaitement belle personne, et que, ce merveilleux objet lui ayant charmé la vue durant quelques moments, s'évanouit tout à fait, mais lui laissa l'âme remplie d'une grande consolation... »

Un canonnier pénètre dans la chambre où gît Gargot; un chirurgien l'accompagne, car les mutins ont décidé qu'ils n'achèveront pas leur capitaine, mais feront argent de sa peau, et le vendront en Barbarie. « Que t'ai-je fait, gémit Gargot, pour me vouloir traiter de cette manière ? — J'en ai deux raisons, répond le canonnier, d'abord pour t'empêcher de languir et souffrir plus longtemps, et l'autre pour te mettre hors d'état de nous faire du mal: car je sais bien que, si tu en réchappes et que nous retombions entre tes mains, tu nous feras pendre... »

Le chirurgien, ayant déshabillé Gargot, constate que sa chemise et sa camisole sont trouées de plus de quarante coups de pique, et que le corps présente vingt-quatre blessures, mais pas une qui soit mortelle. Il remplit son office, étend le blessé sur un matelas. Cependant les marins ne sont plus unanimes à vouloir vendre leur victime. Le lendemain, quelques-uns d'entre eux envahissent la dunette, saisissent le matelas sur lequel est couché Gargot, le balancent comme pour le jeter à la mer, et ne renoncent à leur dessein que sur les instances du lieutenant, qui, les larmes aux yeux, leur représente que leur cruauté est superflue et que cet homme va mourir. Trois jours après, c'est un vieux canonnier qui s'introduit auprès du moribond, avec un coutelas nu dans une main, un pistolet dans l'autre, un poignard à la ceinture. Sa mine révèle assez ses intentions. Cependant, lui aussi pose la question qui obsède ses camarades : « Si tu en as un jour le pouvoir, nous feras-tu pendre ? » Gargot jure qu'il ne songe qu'au salut de son âme, qu'il prie Dieu de lui pardonner et de leur pardonner, qu'il n'aura jamais contre eux aucun ressentiment, qu'un homme qui a la mort sur les lèvres doit seulement penser à se mettre bien avec Dieu... « Nous feras-tu pendre ? » répète l'homme ; et il faut que Gargot lui renouvelle ses protestations. Le brigand est soudain touché ; il confesse qu'il est venu avec le dessein de tuer ; maintenant un mouvement secret l'en empêche ; il prend la main de son capitaine, la baise et la baigne de ses pleurs.

Le projet de l'équipage est de rejoindre la frégate la *Rose-d'Or*, sur laquelle est resté Gargot l'aîné, et de s'en emparer ; mais les vents contraires empêchent le *Léopard* de se diriger vers le Maroc et le maintiennent dans les parages des Canaries, où, un jour, un autre navire lui vient donner la chasse. L'équipage prend peur à la pensée que le survenant pourrait bien être quelque pirate barbaresque : ils se voient déjà tous esclaves et vendus. Ils vont donc trouver Gargot et le supplient de donner des ordres pour la défense. Celui-ci consent à oublier leur affreuse conduite, s'ils commencent par élargir ceux de leurs camarades qu'ils ont jetés dans la fosse aux câbles. Puis, trop faible encore pour se lever, il se fait porter sur la poupe et donne ses ordres. Le navire ennemi vient à pleines voiles, mais lorsqu'il voit le *Léopard*, avec tous les siens aux sabords, il renonce au combat et se met à tenir le lof. Les marins du *Léopard* saluent sa fuite de trois coups de canon... et ne parlent plus de se raccommoder avec leur capitaine.

Le vent les écarte encore de la côte d'Afrique ; les vivres leur font défaut ; les révoltés prennent le parti de gagner la côte d'Espagne. Une dernière fois, Gargot tente de rallier secrètement autour de lui les hommes les plus raisonnables en leur remontrant qu'ils font une mauvaise affaire : le navire, dit-il, contient peu d'argent et de marchandises, et d'ailleurs ils ne trouveront pas toutes les sûretés qu'ils s'imaginent chez les Espagnols qui aiment la trahison, mais non les traîtres. Sa tentative échoue : les chefs de la mutinerie l'avertissent qu'il ne les fera pas s'entre-tuer. Un mois après, le *Léopard* est devant Cadix. Les rebelles croient prudent de n'y pas aborder, ils préfèrent remonter la rivière de Séville et mouiller devant Saint-Lucar. Ils envoient quelques députés au gouverneur pour lui annoncer qu'ils se mettent sous la protection du roi d'Espagne.

Le lendemain, le gouverneur se rend à bord. On force Gargot à se lever et à endosser une casaque chamarrée de galons d'or et d'argent, on l'interroge et on le somme de montrer l'ordre du roi de France qui l'autorise à faire la course, et lui permet d'être traité en prisonnier de guerre. Gargot présente une cassette scellée et en tire les papiers constatant sa commission, au grand étonnement des marins qui croyaient cette cassette pleine de pierreries. Le gouverneur embrasse l'infortuné capitaine et le fait conduire dans un carrosse au château de Saint-Lucar, où une chambre lui est préparée à la mode d'Espagne, « c'est-à-dire que l'on met quelques planches sur des tréteaux, à un pied haut de terre, et là-dessus on étend un matelas ».

Les *Mémoires* ajoutent : « Voilà comme l'on coucha Gargot qui était si malade qu'il n'en pouvait plus. »

*
* *

Épuisé par ses blessures, exténué par tant d'épreuves, Nicolas Gargot fut très malade dans le château de Saint-Lucar. Il avait « un dévoiement perpétuel de l'estomac, une colique bilieuse si piquante qu'il lui fallait des lavements à toute heure, et une douleur de tête si grande qu'on fut obligé par plusieurs fois d'ouvrir des pigeonneaux tout en vie pour lui mettre sur la tête ». Les marchands qui résidaient à Saint-Lucar eurent grand pitié de lui et payèrent son chirurgien et son apothicaire ; le consul de la Nation venait le consoler. Les exhortations chrétiennes que lui prodiguait ce charitable consul réconcilièrent Gargot avec la vie. Sa colique cessa, et il commença de se lever. Il apprit alors comment les Français de Saint-Lucar avaient pourvu à son entretien. Il les remercia de tout son cœur, mais représenta au gouverneur que, puisque les Espagnols le retenaient prisonnier, c'était à Sa Majesté Catholique de subvenir à ses besoins. Des ordres vinrent de Madrid pour que Gargot fût remis au duc de Medina Celi dont la demeure ordinaire était dans la ville de Port-Sainte-Marie.

Le prisonnier y fut mal reçu. Après lui avoir fait accomplir ce long trajet, sans lui donner ni à boire ni à manger, on commença par le laisser dans un corps de garde en compagnie de quarante soldats, et le maître de camp lui demanda de lui donner sa jambe de bois, pour qu'il ne pût s'évader. Gargot refusa, faisant observer qu'il était hors d'état de prendre la fuite, qu'il relevait de maladie, n'avait qu'une jambe, et que, depuis le matin qu'il était parti de Saint-Lucar, il n'avait rien mangé. « Suivez-moi reprit l'officier. — Faites-moi donc donner ma canne que l'on m'a prise en entrant céans, afin que je puisse marcher. » On lui donna sa canne, et on le mena chez le gouverneur, qui déclara ne pas vouloir se charger de ce prisonnier ; alors on le conduisit à la prison publique...

De guichet en guichet, il parvint dans un lieu fort obscur où se tenait un grand nègre tout nu, puis dans une cour sombre où on le laissa quelque temps assis sur les marches d'une petite chapelle. Le nègre reparut, tenant d'une main une petite lampe, de l'autre un trousseau de clefs. Une porte faite de carreaux de fer et de bois s'ouvrit, et Gargot pénétra dans un cachot de douze pieds carrés où quatorze personnes, la plupart les fers au pied, étaient couchées les unes sur les autres. La lumière de la lampe fit fuir dans les trous de la muraille une multitude de petits animaux noirs et gros comme le pouce. A ce spectacle, Gargot protesta qu'on ne traitait pas de la sorte un capitaine français ; mais le geôlier lui déclara que, s'il ne voulait entrer, on le pousserait de force. Un capitaine genevois eut compassion de son nouveau compagnon et lui fit un peu de place, autant qu'il lui en fallait pour appuyer le haut du corps, car ses jambes et ses cuisses reposaient sur les autres prisonniers. La lampe éteinte, Gargot se sentit dévoré par la vermine, et, comme il ne put dormir, il eut tout « le loisir de faire des réflexions sur la calamité humaine et sur l'inconstance de la fortune et des choses du monde qui sont si changeantes qu'il n'y a rien d'assuré ni de stable que leur instabilité même ». Cette fois, cependant, elles changèrent moins vite qu'il ne l'eût souhaité.

Le lendemain de son incarcération, il s'aperçut que sa casaque d'or et d'argent excitait la convoitise des autres détenus, et ceux-ci la lui eussent arrachée, si le concierge n'était intervenu en disant que Gargot était un prisonnier d'État et que le premier qui porterait la main sur lui serait mis aux fers. Quelques heures plus tard, on vint chercher Gargot pour le conduire dans l'hôtel du duc de Medina-Celi où était alors logé le duc d'Albuquerque, commandant des galères d'Espagne.

Il fut d'abord mis en présence du duc d'Albuquerque qui lui trouva « la mine grandissime pirate ». Notre Rochelais répartit fièrement qu'il avait des commissions de la reine régente et des ordres du roi. « Eh bien, seigneur capitaine, fit le duc, puisque vous avez des commissions, nous vous traiterons bien et en prisonnier de guerre ; autrement j'avais fait préparer un banc dans ma galère capitaine pour vous y mettre, vous et vos officiers. » Le feu au visage, Gargot répliqua : « Je ne craindrai point de dire à Votre Excellence que je ne suis point prisonnier des Espagnols ; je n'ai pas été pris en guerre, mais livré malheureusement par des traîtres que vous devriez châtier. Ainsi le roi d'Espagne, tout puissant qu'il est, n'a pas le pouvoir de me mettre aux galères sans violer le droit des gens, et sans une extrême injustice. Si on la commettait en mon endroit, le roi mon maître ne manquerait pas de la venger ; il y a quatre mille Espagnols de prisonniers en France dont la tête répondrait de la mienne. L'on sait fort bien en mon pays que je suis entre vos mains, et je suis

assuré que l'on me viendra bientôt redemander. »
Ce beau discours fit rire le duc d'Albuquerque,
et soulagea Gargot, qui comparut ensuite devant
le duc de Medina-Celi.

Celui-ci se montra d'abord fort courtois et proposa au prisonnier de quitter le service du roi de France pour prendre des commissions, non pas du roi d'Espagne, mais de son allié le prince de Condé : cette honnête combinaison pouvait être acceptée sans scrupules ; il s'agissait seulement de mettre Mazarin hors de France ; Gargot, chef d'escadre général de Flandre, commanderait douze vaisseaux. Gargot répondit que « M. le prince était sans doute un prince d'une vertu éminente, mais qui avait le malheur d'être mal avec la reine régente et de porter les armes contre le roi, que ce n'était pas à lui de pénétrer les sujets pour lesquels il était si mal avec la cour, mais à respecter tous les ordres qui portaient le nom du roi son souverain et y porter toute sorte d'obéissance jusqu'à sa mort. » Là-dessus, le duc congédia Gargot sans embrassade, et le fit reconduire dans sa prison.

Le pauvre diable passa toute la journée dans la chapelle, devant le crucifix. Le soir il prit une grosse pierre pour s'en faire un oreiller, mais ne put dormir : son corps était couvert de punaises, et les fâcheuses images de son malheur remplissaient sa pensée. Il tomba dans un profond désespoir. Son valet lui ayant apporté à manger, il refusa toute nourriture. Il avait décidé de se laisser mourir de faim, et l'eût fait sans les conseils du bon capitaine genevois qui lui montra qu'à se donner ainsi la mort, il encourait la damnation éternelle. Il reprit courage et adressa une requête au duc de Medina-Celi. Dès lors on lui donna 8 réals par jour pour sa subsistance. Au bout de deux mois, le duc le manda de nouveau et lui renouvela ses offres. Gargot refusa encore, réintégra son cachot; mais cette fois sa détresse avait inspiré quelque compassion au duc qui lui donna un habit et lui envoya un matelas, deux tréteaux et quatre planches pour en faire un lit. Enfin, vers le cinquième mois, le duc l'envoya quérir encore une fois : qu'il consentît à engager sa parole de ne point se sauver, et on pourrait désormais le loger au château, avec la ville pour prison, et avec la permission de se promener à deux ou trois lieues dans les alentours. Il donna sa parole, fut mené au château, introduit dans une grosse tour... et enfermé sous de bonnes serrures. Il ne put croire que les auteurs de cette plaisanterie eussent obéi au duc de Medina-Celi, et, pour se divertir, monta au sommet de la tour d'où l'on découvrait la mer, la rade de Cadix, le Pontal et toute la ville de Port-Sainte-Marie. Pendant qu'il admirait le paysage, il entendit frapper au bas de la tour : il

descendit, c'était son valet qui lui passait par-
dessous la porte close de la nourriture, une
lampe et les *Essais* de Montaigne.

*
* *

Cette captivité était moins dure que celle de
la prison publique, mais ce n'était pas la demi-
liberté qu'on lui avait promise. Quelques jours
plus tard, il eut le mot de l'énigme, quand le
Trésorier des guerres du roi d'Espagne vint
s'enquérir de la manière dont il était traité. Il vit
alors que ses gardiens l'avaient mis sous clef,
espérant qu'il leur achèterait le droit de sortir :
dans son ignorance des mœurs espagnoles il
n'avait rien compris. A partir de ce moment, il
put se promener librement dans la ville et la
campagne...

Ici je laisse la parole à l'auteur des *Mémoires
de Gargot*. La « nouvelle » espagnole qu'il nous
va conter ne peut se transposer sans perdre tout
son charme.

« La première sortie qu'il fit, ce fut pour aller
à la messe aux Augustins, où il trouva une aventure qui apaisa un peu l'amertume de tous ses
maux passés. Étant proche du bénitier, il vit
entrer une jeune personne toute couverte de son
voile, suivie de deux vieilles qui s'agenouillèrent
contre lui ; elle lui fit voir son visage deux ou

trois fois pendant la messe, et, au sortir, passant près de lui, le salua d'une manière fort engageante, lui souhaitant liberté et bonheur. Sur le soir, étant retiré dans sa tour, comme il rêvait à cette personne inconnue, on lui amena un petit laquais qui demandait à parler à lui de sa part. Ce messager assez adroit lui dit que la dame qui lui avait souhaité liberté sortant de la messe, lui baisait mille fois les mains, et que sachant qu'il était hors de son pays, elle lui envoyait un régal qu'il lui présenta. C'étaient deux poules vivantes, deux grandes bouteilles de vin, des raisins de Damas et quelques confitures ; il accepta cette faveur avec de grands remerciements et donna quelque monnaie au porteur pour sa peine.

« Une semaine se passa qu'il sortait tous les jours du château sans avoir des nouvelles de cette dame inconnue, lorsqu'un soir elle lui renvoya le même laquais, avec un pareil régal et une prière qu'elle lui faisait de lui envoyer le valet qui le servait pour lors, à qui elle voulait parler. C'était un de ses quartiers-maîtres qui avait perdu un bras au service du roi... Gargot lui commanda aussitôt de s'y en aller avec le petit laquais pour recevoir les commandements de la dame. Elle lui demanda si le duc faisait bien payer la subsistance de son maître, il répondit que oui. « Ce que je vous demande, lui

« dit-elle, est pour savoir si votre maître n'a pas
« besoin d'assistance, car s'il manque de quelque
« chose, dites-le moi librement, et je le visiterai.
« Cependant, prenez ce sac où il y a quelque
« monnaie pour lui acheter ce dont il aura
« besoin ; mais je ne désire pas que vous le lui
« disiez, faites-lui seulement mes civilités et
« assurez-le que je suis sa très humble servante,
« et que je le servirai de tout mon possible,
« même à lui obtenir la liberté, s'il le désire. »
Le valet s'en retourna vers son maître et lui
fit le rapport de tout ce que la dame lui avait
dit. »

Quelques jours plus tard la dame inconnue donna un rendez-vous à Nicolas Gargot.

« Elle lui envoya dire qu'il s'en allât l'après dîner sur le bord de la mer, à une petite chapelle où il y avait dévotion, et qu'elle se trouverait proche de là avec ses femmes. Il ne manqua pas de se rendre à cette assignation, et la dame ne fut pas moins diligente que lui. Il l'y trouva avec ses deux vieilles, la gouvernante et une autre qui étaient assises sur l'herbe. Aussitôt qu'il s'approcha d'elles, les vieilles se retirèrent à l'écart pour donner le temps à leur maîtresse de lui parler en particulier. Elle le fit seoir près d'elle, et lui dit galamment ; « Est-il pas vrai,
« cavalier, que vous trouvez un peu étrange
« qu'une demoiselle prenne la liberté de vous

« donner un rendez-vous ; mais sachez que je
« n'ai autre intention dans cette rencontre que
« de vous assurer de ma bonne volonté et de
« vous offrir de l'argent, si vous en avez besoin,
« pour vous retirer de la captivité où vous
« êtes tombé par la plus lâche et la plus détes-
« table de toutes les trahisons. » Il la remercia très humblement de tant de bontés qu'elle
avait pour lui, et lui dit qu'il ne pouvait pas
pour lors songer à sa liberté, sa parole étant
engagée au duc, comme elle l'était ; qu'il espé-
rait la pouvoir obtenir par le moyen du roi son
maître qui ne le laisserait pas si longtemps
captif qu'il lui fallût employer le crédit et
l'argent d'une si belle personne... « Cavalier,
« lui dit-elle, l'accident qui vous est arrivé et
« que je sais parfaitement, m'est si sensible et
« me touche si fort qu'il n'y a rien au monde
« que je ne fasse pour vous faire connaître
« qu'il y a des âmes espagnoles qui chérissent
« la vertu dans les fers ; assurez-vous donc tou-
« jours de mon assistance dans ce pays-ci ; j'ai
« du bien suffisamment pour vous secourir dans
« vos disgrâces, sans m'incommoder, car je n'ai
« qu'un frère qui me laisse disposer assez libre-
« ment des moyens que ses père et mère nous
« ont laissés et qui ne sont pas petits. » Là-
dessus elle appela la gouvernante qui apporta
des confitures que l'on mit sur l'herbe, dans une

COMBAT NAVAL
Par Callot.

tavayolle de soie de diverses couleurs, et ainsi il fit collation avec la dame, ce qui n'est pas une petite faveur en Espagne. On peut bien s'imaginer qu'il employa tout ce qu'il avait d'esprit pour remercier cette généreuse Espagnole qui lui dit en le quittant : « Cavalier, « souvenez-vous, je vous prie, qu'il ne tiendra « qu'à vous que je vous donne la liberté, m'en « dut-il coûter des larmes; souvenez-vous en, « je vous en prie, adieu. » Ce dernier mot fut accompagné d'un grand soupir. »

Bien que le duc de Medina-Celi lui eût donné l'espoir d'être bientôt échangé contre quelque officier espagnol, prisonnier des Français, Nicolas Gargot restait dans sa tour. Il tomba dans une noire mélancolie et s'abandonna aux projets les plus extravagants : il rêvait de mettre le feu au donjon, d'assommer à coups de pierre les Espagnols qui viendraient éteindre l'incendie, puis de se faire tuer, l'épée à la main. Encore une fois Dieu le regarda en pitié et lui fit abandonner ce dessein désespéré ; mais alors il fut saisi d'une fièvre violente. La généreuse Espagnole vint à son secours.

« La dame, éprise de sa vertu en eut encore davantage ; elle lui envoyait tous les jours de quoi faire des consommés, et même elle prit la résolution, quoique ce fût contre la bienséance, de l'aller voir dans son lit. Étant donc entrée dans sa chambre, elle le conjura, les larmes aux yeux, de prendre courage et de ne se laisser pas abattre à la maladie et au déplaisir, l'assurant que, s'il voulait sa liberté, elle lui donnerait de l'argent, une barque longue et des hommes qui le mèneraient au Portugal d'où il pourrait aller en son pays, et lui dit cent autres choses obligeantes afin de le consoler. Pendant cette visite, en raccommodant le chevet de son lit et son oreiller, elle le baisa au front, puis lui ayant donné quantité de confitures, se retira pleurant chaudement. Le soir étant venu qu'on raccommodait le lit du malade, son valet trouva sous le chevet un mouchoir de soie broché d'or, dans lequel il y avait cinquante pièces de huit; il demanda à son maître où il voulait qu'il serrât cet argent, parce qu'il se pourrait perdre, si on le laissait là; mais son maître qui connut aussitôt que c'était la dame qui l'y avait mis et qu'elle ne voulait pas que personne eût connaissance de cette générosité, que celui pour l'amour de qui elle le faisait, lui commanda de le laisser là, et lui dit qu'il l'y avait mis exprès. »

Quelques jours plus tard, le duc lui fit savoir qu'on allait l'embarquer sur un des galions du marquis de Falces en partance pour Barcelone, et qu'au siège de cette ville, on l'échangerait contre un prisonnier de guerre espagnol. Cette bonne nouvelle acheva la guérison de Gargot,

Avant de quitter Port-Sainte-Marie, il revit une dernière fois l'inconnue qui lui avait montré tant de compassion et de tendresse. Il lui fit présent « d'une fort belle écritoire... le seul bien qui lui restât de son naufrage », et se répandit en paroles de reconnaissance. Après s'être avec lui réjoui des promesses du duc de Medina-Celi, la dame ajouta : « Conserve, je te « prie, la mémoire d'une personne qui t'aime et « qui t'aime généreux, quoique persécuté de la « fortune. Si tu ne trouves pas tous les avan- « tages que tu souhaites où tu vas, reviens ici « hardiment, je tiendrai à honneur de partager « ma fortune avec toi, et je t'en donne ma foi « dès à présent. » Puis elle déganta sa main droite et la tendit au cavalier qui la baisa en la remerciant mille fois de tant de grâces. Elle lui présenta une bourse dans laquelle il y avait cinquante pistoles, qu'il fit quelques difficultés pour accepter, mais elle triompha de ses scrupules, en lui représentant que le marquis de Falces aurait pour lui moins d'égards que n'en avait eu le duc de Medina-Celi.

« Après cela, ils passèrent quelques heures ensemble dans des entretiens qui pourraient être mieux décrits par un roman que par une narration simple, comme est celle-ci. Enfin, quand il prit congé de cette généreuse personne, elle lui dit en versant qnelques larmes : « Cava-

« lier, plut au ciel que l'honneur et la bien-
« séance me pussent permettre de t'accompa-
« gner, je le ferais avec grande joie ; mais puis-
« qu'il ne se peut pas, sache que mon affection
« et mon cœur t'accompagneront partout. » Ces
tendres paroles furent leur adieu. »

*
* *

Le galion sur lequel Gargot fut embarqué se rendit sans encombre de Cadix à Barcelone. Chaque fois qu'une voile apparaissait à l'horizon, le marquis de Falces tremblait que ce fût un corsaire français, et parlait de se réfugier dans un port de la côte espagnole. Ces frayeurs divertissaient Gargot qui daignait donner des conseils aux Espagnols pour préparer la défense, — c'est du moins Gargot qui nous l'a conté.

Quand le galion eut rejoint la flotte qui croisait devant Barcelone, on fit descendre le prisonnier à terre pour le mettre en présence du commandant des forces espagnoles. Il voulut profiter de l'occasion pour envoyer son valet avec un message secret jusqu'aux lignes françaises : un parti de cavalerie arrêta le valet. A plusieurs reprises, Gargot tâcha de s'évader à la nage : sa jambe de bois le gênait, et on le rattrapa. Il soudoya un marin dalmate qui s'engagea à le conduire jusqu'au rivage sur une felouque : un officier espagnol l'aperçut au moment où il descendait dans l'embarcation par une échelle de corde. Alors, il reçut de fâcheuses nouvelles : son éternel ennemi, le comte Du Daugnon, s'était révolté contre le roi, et ayant fait alliance avec les Espagnols, avait envoyé une frégate à Cadix : c'était lui maintenant qui réclamait Gargot. D'autre part, les Français n'étaient pas heureux devant Barcelone, les vaisseaux envoyés pour ravitailler la place avaient dû regagner la haute mer, Barcelone finit par tomber aux mains des Espagnols, si bien que le navire qui portait Gargot reprit un jour la route de Cadix, avec le reste de la flotte... A peine débarqué, le prisonnier apprit qu'il venait d'être enfin échangé contre un capitaine espagnol.

Il était libre, mais dans quel dénuement! Il n'avait plus qu'« un haut de chausse de toile de voiles tout déchiré, un méchant juste-au-corps de même et un chapeau de son valet percé en divers lieux ». Comme il avait déjà éprouvé la générosité du duc de Medina-Celi, il se fit conduire à Port-Sainte-Marie. Dès qu'il pénétra dans le palais du duc, il se trouva en face d'un Français « ayant encore les bottes hautes » ; celui-ci courut à lui, se jeta dans ses bras : c'était son frère aîné, venu à sa recherche à travers toutes les Espagnes...

Survint le duc de Medina-Celi qui, voyant Nicolas Gargot en si pitoyable équipage, fit un grand signe de croix, et dit en français — c'était la première fois qu'il s'exprimait dans cette langue devant le corsaire rochelais — : « Monsieur, nous avons parmi nous de la canaille, aussi bien que vous en avez parmi vous, mais n'ayez pas pour cela mauvaise opinion de la nation espagnole, parmi laquelle il y a quantité d'honnêtes gens comme vous savez... » Et il lui fit donner un de ses propres habits qu'il avait encore fort peu mis. Gargot le passa sur-le-champ, et on n'eût plus reconnu « ce pauvre gueux estropiat à qui les cuisses et les coudes paraissaient naguère ». Après souper, il envoya son valet chez la belle Espagnole près de qui le hasard l'avait ramené, et lui annonça qu'il irait la voir le lendemain. Puis il se retira dans sa chambre avec son frère et lui fit le récit de ses longues et tristes aventures. Lorsqu'il eut fini, ce fut le tour de l'aîné de conter ce qui lui était advenu depuis le jour où la *Rose d'Or* s'était séparée du *Léopard*, dans les eaux des Canaries, comment, de retour à La Rochelle, il avait été dépouillé, persécuté par le comte Du Daugnon, jeté, pendant trois mois, dans un horrible cachot de Brouage, et, comment, grâce à la protection de la reine mère, il avait négocié l'échange de son frère contre un prisonnier espagnol, et traversé l'Espagne.

Le lendemain, après avoir passé la journée à se promener dans des jardins d'orangers et à visiter des églises, Gargot pria un des capitaines qui lui servaient de gardes, de le laisser sortir pour se rendre chez son amie. Le capitaine le lui permit, et lui prêta même son épée et sa dague pour se défendre en cas qu'il lui surviendrait quelque accident.

« Il s'achemina donc à la faveur de la nuit au logis de cette belle Espagnole. Étant proche de la porte, il vit un laquais qui l'attendait sans lumière, lequel le prit par la main pour le conduire dans une allée obscure, et après avoir marché quelque temps, il trouva de la lumière dans une chambre où il y avait quelques femmes qui le saluèrent de la tête sans parler, et lui firent signe de passer outre. Le laquais ayant ouvert une porte et levé la tapisserie, laissa entrer celui qu'il conduisait, qui vit sur un lit garni de taffetas incarnat, cette dame qui se leva à son arrivée. Au même temps qu'elle le vit entrer, elle courut le prendre par la main, et après l'avoir salué, le conduisit sur le même lit, où elle se coucha et le fit seoir auprès d'elle. Il trouva cette belle personne fort ajustée de quantité de rubans incarnadins à ses cheveux, avec une chemise qui joignait le col, mais ayant un réseau de soie noire fait à l'aiguille et percé à jour, par où on voyait son sein ; elle n'avait

qu'une simple jupe de taffetas de couleur, mais garnie d'une grande dentelle d'or. Étant appuyée sur son coude et jetant les yeux sur lui, elle lui tint ce langage : « Cavalier, je vous prie de ne pas
« trouver étrange si je vous reçois chez moi de
« cette manière, n'ayez pas mauvaise opinion
« de moi pour cela ; car c'est une petite maladie
« qui me fait ainsi tenir sur le lit... J'ai voulu
« me forcer à vous permettre de me voir pour
« vous assurer encore une fois de mon estime ;
« votre absence ne l'a nullement diminuée ; au
« contraire, j'ai plus de passion de vous servir
« que j'en ai jamais eue, vous n'avez qu'à me
« commander et je vous obéirai comme votre
« très humble servante. » Il la remercia de tout son cœur de tant de bontés qu'elle avait pour lui, et lui protesta que, dans toutes les occasions qui se pourraient présenter, il tâcherait de lui faire connaître qu'il n'était pas un ingrat et qu'il était entièrement à elle dans tout ce qu'il lui plairait de lui commander. « Plût à Dieu, cavalier dit-
« elle, que cela fût vrai, vous n'auriez pas la
« peine d'aller si loin dans votre pays où peut-
« être vous ne trouverez pas la satisfaction que
« vous espérez, vous demeureriez ici près de
« moi, où je ferais gloire de vous servir, comme
« une personne qui est entièrement vôtre, mon
« honneur sauf... Mais vous êtes encore prison-
« nier et vous ne pouvez disposer de vous... »

Leur conversation dura assez longtemps, et ils se donnèrent mille marques d'estime mutuelle ; mais enfin notre aventurier ne voulant pas laisser le reproche d'avoir manqué à sa bonne fortune, essaya de voir jusques où il pouvait aller, de quoi l'Espagnole s'apercevant fit un hem ! qui appela toutes ses femmes dans la chambre et qui mina toutes les espérances du cavalier. Il ne put s'empêcher de se plaindre de ce secours entré si brusquement pour secourir la place. Elle lui en dit la raison en cette sorte : « Cavalier, je vous ai con-
« fessé que je vous aimais d'une très forte pas-
« sion, mais j'aime mon honneur encore plus
« fortement, et comme je me suis méfiée de
« mes forces étant avec vous seule, j'ai donné
« ordre à mes femmes d'entrer à ce signal ; que
« si ma conduite un peu libre vous a donné
« lieu d'entreprendre, je vous puis protester
« qu'il n'y a que le titre d'époux qui puisse
« rendre vos prétentions justes et satisfaites...
« Contentez-vous donc des choses que l'honneur
« peut permettre et ne manquez pas demain à
« pareille heure de venir souper avec moi.
« Adieu, cavalier il s'en va faire jour. » Ils se séparèrent ainsi et le cavalier s'en retourna en son logis sans aucune mauvaise rencontre. »

Le cavalier ne revit plus la belle Espagnole. Le lendemain, ses gardes l'empêchèrent de venir au rendez-vous ; un valet porta ses excuses ; et, le surlendemain, il se mit en route pour Madrid en passant par Cordoue et Tolède.

A Madrid, le duc d'Albuquerque lui fit l'honneur de le recevoir dans sa propre chambre, étant couché avec la duchesse dans un lit d'argent massif. La veille de Noël 1652, les deux frères quittèrent Madrid et se dirigèrent vers la France. Il se rendirent d'abord à Blaye, puis à Saintes où Nicolas dut se soumettre à l'examen d'un médecin et d'un chirurgien envoyés par le duc de Vendôme, car des émissaires de Du Daugnon répandaient le bruit que Gargot avait volé son surnom de Jambe-de-Bois et que son estropiement était une feinte !

*
* *

Avant d'aller à La Rochelle revoir les siens, Gargot obtint du duc de Vendôme le commandement du vaisseau *Le Mazarin,* alors au port de Toulon. Il se rendit à Paris pour solliciter les fonds nécessaires à l'armement ; mais la fortune s'acharnait contre lui.

Au même moment la cour entrait en accommodement avec Du Daugnon, et négociait le singulier traité qui du rebelle allait faire un maréchal de France. Sans doute on promit à Gargot que ses intérêts seraient sauvegardés, s'il consentait à se taire ; mais l'évêque de Saintes, qui était chargé de parlementer avec Du Daugnon, ne souffla pas mot des réclamations du corsaire. D'Estrades vint remplacer Du Daugnon à Brouage : *La Rose-d'Or* qui appartenait aux frères Gargot se trouvait dans le port ; d'Estrades s'adjugea une moitié de la prise et en laissa l'autre à son prédécesseur. Les Gargot crièrent très fort : d'Estrades consentit à partager avec eux la moitié qu'il s'était réservée ; ils ne purent faire rendre gorge à Du Daugnon.

Après une campagne sur les côtes de Portugal, Nicolas vint à Paris pour obtenir justice. Tandis qu'il s'occupait de ses intérêts, il se rappela le vœu qu'il avait fait sur le *Léopard* d'embrasser la religion catholique. Un capucin l'instruisit ; le nonce le reçut dans le giron de l'Église, et, pour témoigner de sa foi, le nouveau converti s'en alla guerroyer contre les Turcs dans l'armée de la Sérénissime République de Venise. Ayant ainsi satisfait sa conscience, il se remit au service du roi, et se battit en Italie. Fait prisonnier au siège de Pavie, il demeura deux mois dans un cachot, paya sa rançon, s'en fut à Rome où le Pape lui montra une bienveillance particulière, et rentra en France, résolu à poursuivre en justice Du Daugnon devenu maréchal de Foucault.

Soutenus par l'évêque de La Rochelle, les deux frères présentèrent requête au Parlement. Mais leur adversaire retrouva au fond de la Bretagne un créancier de Nicolas, fit racheter la créance par un homme de paille, et Nicolas, qui connaissait déjà les prisons d'Espagne et d'Italie, alla passer quatre mois dans la prison de Saint-Magloire ; il n'en fut tiré que par un arrêt du Conseil.

En méditant sur l'ingratitude des hommes, il se souvint un jour que lui-même avait promis à Dieu non seulement de se convertir au catholicisme mais encore d'aller à Jérusalem... Il partit, accompagné de son frère. Parvenus à Rome, les pèlerins furent présentés au Pape ; celui-ci les dispensa de continuer leur route, « eu égard aux événements qui rendaient impossible aux Français le séjour de la Turquie », et il leur imposa quelques autres dévotions. Les ayant accomplies, ils retournèrent chez eux.

Le maréchal de Foucault était mort ; on plaidait maintenant contre sa veuve, Marie Fourné de Dampierre. Nicolas laissa son frère se débattre au milieu d'inextricables procédures. Il reprit la mer. On le chargea de conduire des vaisseaux qui portaient des secours aux Canadiens, puis, on l'envoya chercher des canons en Suède. Au retour de ce voyage, il tomba gravement malade à La Rochelle. « Au bout de trois mois de langueur et de grande patience, ayant reçu les sacrements comme un bon et véritable catholique, il rendit son âme à Dieu entre les bras de son cher frère qu'il embrassa et mouilla de ses larmes dans ce dernier adieu, ce qui ne lui était jamais arrivé pendant sa vie, quelque occasion qui se fût présentée d'être affligé. »

Il était si pauvre que l'évêque de La Rochelle dut payer ses funérailles.

IV
SAINTES

25 décembre 1908.

Si j'étais archéologue, il me semble que je souhaiterais d'habiter Saintes. Dans aucune autre ville de France on n'a, je crois, autant de vieilles pierres sous la main, et de tous les siècles. Chaque âge a laissé sur le sol de cette petite ville (elle ne compte pas 20.000 âmes) un monument intéressant ou magnifique. Depuis l'occupation romaine, jusqu'à la présidence de M. Fallières, pas une époque de l'histoire de France qui n'ait ici son témoin.

Des débris de thermes, un arc dit de triomphe et les ruines d'un amphithéâtre montrent que le *Mediolanum* des *Santones* fut une des plus florissantes cités de l'Aquitaine. Les débris des thermes ne sont pas très imposants. L'arc a été rafistolé et déménagé de l'ancien pont dont il surmontait une des piles, sur un quai de la Charente où il apparaît dépourvu de toute beauté.

SAINTES
Les Arènes.

Les ruines de l'amphithéâtre qui formaient naguère une émouvante fabrique parmi les verdures ont été déblayées, et l'on peut à présent reconnaître la disposition des gradins, la forme de l'arène, la structure des maçonneries qui soutiennent les terres du vallon : le pittoresque y a un peu perdu : mais le spectacle doit maintenant réjouir le cœur des antiquaires.

Deux chefs-d'œuvre de l'art roman, Notre-Dame et Saint-Eutrope, attestent la gloire et la richesse de Saintes dans le temps où la province, envahie par les Arabes, puis pillée par les Normands, se releva sous les ducs d'Aquitaine. Notre-Dame, jadis église d'une abbaye, sert de magasin d'habillement, depuis que l'abbaye est devenue caserne ; cependant les dehors de l'édifice ont été respectés, l'élégant et magnifique clocher fut récemment restauré, l'opulente ornementation des trois arcades du portail, si elle porte les traces de mutilations anciennes, paraît inspirer quelque respect aux fantassins, ce qui d'ailleurs n'empêche pas les archéologues, et d'autres aussi, de souhaiter qu'on envoie les fantassins loger ailleurs. Saint-Eutrope a été en partie démolit au XVIe siècle par les Calvinistes, la nef actuelle a remplacé l'ancien chœur, on lui a bâti une affreuse façade et tout cela produit un ensemble assez incohérent ; mais ce monument informe est dominé par une admirable flèche gothique et au-dessous, la vieille crypte romane, une des plus vastes et des plus tragiques que l'on puisse voir en France, reproduit le plan de l'église supérieure ; l'ombre n'y est pas tellement épaisse qu'on n'y puisse distinguer les riches et délicates sculptures qui décorent les énormes chapiteaux.

L'art gothique contribua aussi à la parure de Saintes, mais n'apparut ici qu'assez tard. Deux siècles durant, les rois de France et les rois d'Angleterre s'étaient disputé la Saintonge et ce fut, seulement la paix rétablie, qu'on put songer à bâtir. Alors la tour de Saint-Eutrope fut construite en exécution d'un vœu de Louis XI, et la vieille cathédrale de Saint-Pierre transformée en une immense église dont il reste aujourd'hui la grande tour inachevée et les merveilleux contre-forts : nous y reviendrons tout à l'heure.

Peu de vestiges de la Renaissance, sauf un délicieux escalier naguère retrouvé dans la cour d'une maison particulière : les guerres religieuses désolèrent la Saintonge, Saint-Pierre fut saccagé par les boulets de Coligny.

Aussitôt la querelle apaisée, sous le règne de Henri IV, une ville neuve surgit au pied des monuments à demi ruinés du moyen âge, et de cette ville-là on retrouve encore aujourd'hui à chaque pas des restes caractéristiques : portes cintrées encadrées de bossages et surmontées de frontons brisés, lucarnes droites à pilastres, masques barbus à l'œil féroce ; et ces façades qui, toutes, annoncent leur date avec tant de précision, nous font voir en abrégé comment se releva la France au temps d'Henri IV. (Il n'est pas de meilleure classe d'histoire que la rue d'une vieille ville.)

Enfin, au XVIIIe siècle, certains bourgeois de Saintes s'étant avisé de remettre leurs logis à la mode, on vit apparaître aux balcons et aux portes des grilles compliquées et charmantes ; des masques sourirent au-dessus des fenêtres, des masques délicats et moqueurs ; et, plus tard encore, se dressèrent, à l'entrée des cours étroites, de grands et solennels portails Louis XVI.

Le XIXe siècle a continué à sa façon l'ouvrage des siècles précédents, il a tracé ces boulevards ombreux qui sont l'agrément de la cité moderne, et élevé ces monuments sans style qui en sont l'opprobre.

On devine quel champ une ville comme Saintes doit offrir à l'exploration des archéologues : que de conjectures et que de « mémoires » ! Mais on devine aussi quel amusement doit donner à l'œil du simple promeneur le pêle-mêle des siècles et des styles. Les mouvements du terrain contribuent à la beauté du trésor archéologique. Saintes est joliment posé sur la rive de la Charente, au penchant de deux collines isolées, l'une, l'ancien Capitole romain, qui ensuite porta la citadelle du moyen âge, l'autre, où se dresse le haut et svelte clocher de Saint-Eutrope.

Des anciens bastions du Capitole, qui soutiennent aujourd'hui les jardins de l'hôpital, on goûte la grâce modeste de la nature saintongeoise, les grandes prairies qu'inonde parfois la rivière, les coteaux de l'autre rive fuyant vers le Nord, les plaines à peine vallonnées où courent les souffles tièdes de la brise marine, et, au pied de l'escarpement, les maisons de la ville silencieuse pressées autour de la tour formidable de la cathédrale, pareille à quelque donjon gigantesque.

Cette cathédrale n'est point le plus parfait des monuments de Saintes. Cependant il faut nous y arrêter, car elle offre — à demi ruinée — un des plus beaux spécimens de l'art du xve siècle, et un grand péril le menace.

Il y eut d'abord à cette place une église romane dont le transept est encore debout avec ses voûtes en coupoles. On la remplaça par une cathédrale beaucoup plus vaste et beaucoup plus haute.

Sur la base de la tour primitive on éleva un clocher qui aurait dû dépasser en hauteur la flèche de Strasbourg ; mais l'œuvre resta interrompue à soixante-douze mètres du sol, à la naissance de la flèche octogonale qui devait la terminer. Pour soutenir cette énorme construction on la flanqua de contreforts distribués d'une façon si harmonieuse, si logique, couronnés de pyramides si délicates, si exactement proportionnées que l'ensemble eût sans doute paru d'une miraculeuse légèreté, s'il eût été jamais achevé.

D'admirables arcs-boutants appuyèrent les voûtes hardies de la nef nouvelle. Le vaisseau s'écroula pendant les guerres de religion, et une nef plus basse et de pauvre architecture fut depuis reconstruite. De la construction du xv° siècle, il reste maintenant les contreforts désormais superflus, les arcs-boutants où rien ne s'appuie, une forêt d'étais de pierres dressées dans le vide ; mais ces ruines dramatiques portent d'incomparables sculptures. Pour goûter leur magnificence, il faut gravir un adorable escalier en vis qui, du pavé de l'église, conduit à la hauteur des voûtes anciennes, bien au-dessus des toitures actuelles. De là, on voit se détacher en plein ciel les pierres dentelées, sculptées et fleuries de l'inutile armature.

Voici maintenant quel danger menace Saint-Pierre de Saintes. Je me contenterai de rapporter les propos que m'a tenus, sur place, devant le monument même, un Saintais indigné. « Vous voyez, m'a-t-il dit, cette petite maison qui dissimule la base de la tour. De temps immémorial le sacristain y était logé. La loi de séparation l'en a chassé, la bicoque est tombée entre les mains du séquestre désigné par la loi. Quelques-uns d'entre nous ont alors conçu l'espoir que la ville achèterait ce petit immeuble, le démolirait, régulariserait le tracé de la ruelle voisine et libérerait ainsi la base du vieux clocher. Nous n'en demandions pas davantage. Seule, la masure était en cause. Nul ne songeait à rouvrir l'insoluble débat sur les églises engagées ou dégagées. Pour abattre ce logis il eût suffi de trois ou quatre mille francs. Le Conseil municipal ne vit-il pas le moyen si simple qui s'offrait d'embellir la ville en dépensant une somme aussi minime? ou bien se dit-il que l'archéologie passionne peu les électeurs? Je l'ignore. Mais regardez l'affiche que l'on vient de poser sur les volets fermés de la maison, elle annonce la prochaine ouverture d'une boutique d'épicerie. Le séquestre a loué l'immeuble à un épicier qui va entasser des bidons de pétrole et d'essence contre les murs mêmes de la cathédrale! Le jour où la bicoque flambera — en admettant que les flamèches de l'incendie ne montent pas jusqu'à la forêt de poutres qui porte les cloches et sèche là-haut depuis tant de siècles, qu'elles respectent les charpentes des chapelles et n'aillent pas lécher les sculptures des contreforts et des pignons — les pierres de la tour n'en seront pas moins à jamais déshonorées par les explosions et par les flammes, la belle patine dont les siècles l'ont revêtue sera salie et l'ensemble en souffrira. Saint-Pierre est un monument historique. A quoi songent ceux qui sont chargés de sa conservation ? » [1]

Ainsi parla le Saintais et je vous rapporte ses doléances. Ne comptons pas trop sur « ceux qui sont chargés de la conservation » de l'église. L'architecte qui a reçu cette mission donne la mesure de son incurie en laissant couvrir d'ignobles affiches les murailles du clocher, ce qui salit passablement « la belle patine » dont les siècles ont revêtu la pierre. Du moins, le jour du désastre, nous saurons qui doit en être tenu pour responsable.

Il serait si facile à l'administration des beaux-arts de demander qu'on lui attribue cette masure pour la jeter par terre et mettre à l'abri du feu un monument comme la cathédrale de Saintes !

Pourquoi faut-il qu'il soit impossible de se promener dans n'importe quelle ville de France, sans y découvrir aussitôt une preuve nouvelle de la négligence du service des monuments historiques ?

1. On a, depuis, écouté les doléances des Saintais.

IV

LA ROCHE-COURBON

30 octobre 1908.

M. Pierre Loti écrivait, la semaine passée : « Qui veut sauver de la mort une forêt avec son château féodal campé au milieu, une forêt dont personne ne sait l'âge ? » Et cet appel d'alarme était suivi d'une merveilleuse description rendue plus émouvante encore par cet accent tendre et passionné que prend la voix de M. Pierre Loti, quand elle évoque des visions et des souvenirs d'enfance. Nous avons cru entendre la plainte de Chateaubriand : « Qu'il y a longtemps que j'ai quitté mes bruyères natales ! On vient d'abattre un vieux bois de chênes et d'ormes parmi lesquels j'ai été élevé ; je serais tenté de pousser des plaintes comme ces êtres dont la vie était attachée aux arbres de la magique forêt du Tasse. »

La forêt et le château menacés de mort sont situés en Saintonge, entre Rochefort et Saintes.

Cliché de *La Vie à la Campagne*.

CHATEAU DE LA ROCHE-COURBON

C'est l'antique domaine de La Roche-Courbon. Hier, nul ne le connaissait; on le trouve à peine mentionné dans les guides et les itinéraires. Grâce à l'auteur du *Roman d'un enfant*, il est maintenant célèbre. Hélas ! pour combien de temps? Les féroces bûcherons que Ronsard maudissait déjà, il y a quatre siècles, aiguisent leur « dure congnée », et quand ils auront abattu les chênes assemblés autour du château, celui-ci ayant perdu mystère et beauté, ne sera plus qu'une lourde bâtisse, une vignette pour traité d'archéologie. Qui sait même si, après avoir rasé les bois, on respectera les architectures ?

Le crime est prochain. Si l'on n'écoute le cri du poète, adieu vieille et sublime forêt,

> Tu deviendras campagne, et en lieu de tes bois,
> Dont l'ombrage incertain lentement se remue,
> Tu sentiras le soc, la coutre et la charrue ;
> Tu perdras ton silence...

*
* *

M. Pierre Loti m'a fait l'honneur de souhaiter que je plaidasse à mon tour la cause de La Roche-Courbon. Pour me rendre la tâche plus facile et plus agréable, il a voulu me servir de guide. Avec lui j'ai visité les lieux qu'il a magnifiquement dépeints. Je ne me dissimule pas qu'après son témoignage, le mien paraîtra superflu. Peut-être devrais-je me contenter de supplier ceux qui ne l'ont point encore fait de lire l'article paru dans le *Figaro*[1]; mais j'ai senti si vivement quel affreux désastre serait la destruction de La Roche-Courbon, que je ne peux me résigner à me taire. D'ailleurs, je ne me ferai point faute de laisser la parole à mon guide. Il serait outrecuidant et ridicule de recommencer une description, après M. Loti.

Aux environs de Rochefort s'étend une campagne plate et verdoyante, semée de fermes et de bouquets d'arbres qui fait songer à quelque paysage de Frise, réminiscence que rend plus obsédante, ce jour-là, un ciel sombre et pluvieux. Mais bientôt, à mesure que nous nous éloignons de l'Océan, voici que lentement se transforme l'aspect des horizons. De longues ondulations se dessinent. Les clochers des villages montrent leur pointe parmi des verdures touffues, au sommet de petites éminences. Nous passons devant la belle façade romane de l'église de Saint-Porchaire, et, une demi-lieue plus loin, nous rencontrons la lisière de la forêt de la Roche-Courbon, de la mystérieuse forêt qui enveloppe le « château de la Belle au bois dormant ».

Je venais ici, sûr de n'être pas déçu. Toutes les fois qu'il m'a été donné de contempler de

---

1. Cet article de M. Pierre Loti a été publié dans un recueil auquel il donne son titre : *Le Château de la Belle au bois dormant*.

mes yeux un site décrit par M. Pierre Loti, du premier coup je l'ai reconnu. L'image suggérée par le livre s'est tout de suite confondue avec celle que m'offrait la réalité. J'ai toujours retrouvé dans la nature les lignes, les couleurs, les murmures, les odeurs qui avaient déjà enchanté mon imagination, et surtout cette particularité mystérieuse qui s'impose tantôt à nos oreilles, tantôt à nos yeux, tantôt à notre odorat, et qui forme pour ainsi dire le thème essentiel de chaque paysage, celui qui domine, commande et règle la symphonie des choses. Une fois de plus, j'ai pu constater la prodigieuse vérité des tableaux du grand peintre.

La splendeur vraiment unique de cette forêt, c'est la miraculeuse diversité de ses aspects. Dans un espace relativement étroit, un peu plus d'une centaine d'hectares, une magnifique fantaisie de la nature a réuni d'immenses futaies de rouvres, un bois sacré de chênes verts, des avenues dont le berceau est pareil à une voûte de cathédrale, des taillis d'où jaillissent des troncs géants, des clairières rocheuses, des cavernes, un ravin où des eaux lentes et herbeuses s'étalent sous des chênes à demi écroulés. On dirait que pour défendre le vieux château, un magicien l'a enveloppé de prestiges, de terreurs et d'enchantements.

Deux étranges visions s'imposent surtout à

notre souvenir : le ravin et le bois de chênes verts.

Voici d'abord le ravin. « C'est, dit M. Pierre Loti, un lieu certainement unique dans nos climats. La petite rivière sans nom qui traverse toute la forêt dans une vallée en contre-bas, s'attarde là, plus enclose de rochers, plus enfouie sous l'amas des verdures folles ; elle s'épand au milieu des tourbes et des herbages pour former un semblant de marais tropical... Les arbres qui y font de la nuit verte sont singulièrement hauts, sveltes, groupés en gerbes qui se penchent à la manière des bambous... Les roseaux jaillissent de souches si vieilles et si hautes qu'on les dirait montés sur un tronc, comme les dracenas ; de même pour la plus grande de nos fougères, l'osmonde qui y semble presque arborescente. C'est aussi la région des mousses prodigieuses qui sur toutes les pierres du sol imitent des plumes frisées et de mille autres plantes inconnues ailleurs qui ne se risquent à paraître que sur les terrains tranquilles depuis toujours... » Sur ce ravin s'ouvrent des grottes profondes montrant « des porches en plein cintre ou bien dentelés et d'un dessin original » et par où pénètre « le demi-jour verdâtre des feuillées ».

Ce ravin est le royaume des elfes et des fées. Le bois de chênes verts convient à la danse des Nymphes. Quels arbres admirables, comme je n'en vis jamais que dans les villas de Frascati, les uns poussés en boule et formant de gigantesques buissons, les autres dressant leurs troncs tordus et leurs feuillages sombres ! Je continue de citer M. Pierre Loti qui a traduit l'inexprimable poésie de ce grand bosquet : « Or, cette forêt n'a jamais été touchée ; au cours des temps, elle s'est faite comme il lui a plu de se faire ; les arbres ne s'y sont pas serrés les uns aux autres, mais déployés avec calme, laissant entre eux des intervalles, comme une sorte de mystérieux jardin. Le sol y est d'une qualité rare : un plateau calcaire sur lequel les siècles n'ont déposé qu'une mince couche d'humus et qui ne convient qu'à de patientes essences d'arbres, ainsi qu'à de très exquises petites graminées, des mousses et d'extraordinaires lichens. Par endroits ce sont les lichens qui dominent ; les pelouses alors prennent des teintes d'un grisâtre très doux, le même grisâtre que l'on voit ici sur toutes les ramures et à l'envers de toutes les feuillées, *et c'est un peu comme si la cendre des âges avait poudré la forêt...* Jadis, on avait tracé au travers des chênaies deux ou trois larges avenues, — jadis, on ne sait plus quand ; elles subsistent sans qu'il soit besoin de les entretenir, car ce terrain ne connaît ni la boue, ni les ajoncs, ni les broussailles ; elles sont adorables, en décembre surtout, ces avenues, puisque les grands « chênes verts », et les phyllireas, qui forment parfois des charmilles à leurs pieds, jamais ne s'effeuillent ; on peut y cheminer plus d'une demi-lieue sans voir autre chose que ces arbres magnifiquement pareils, et lorsqu'on arrive enfin au bord de la muraille rocheuse, qui limite le plateau et ses futaies, pour descendre à la zone plus basse des roseaux et de l'eau courante, l'horizon que l'on découvre est encore un horizon sans âge... Et le charme si singulièrement souverain de cette forêt, c'est l'espace, les passages libres partout. Entre les touffes majestueuses des feuillages vert-bronze atténués de grisaille, on circule aisément sur de très fins tapis, et cela donne une impression de bois sacré, de parc élyséen. Séjour pour le calme à peine nostalgique ou même pour le définitif oubli, dans l'enveloppement des vieux arbres et des vieux temps... »

Trois et quatre fois sauvages, les hommes capables de toucher aux arbres qui ont inspiré une telle page !

*
* *

Le château est assis au bord de la petite rivière. De toutes parts les bois l'enveloppent. On dirait une armée d'arbres prête à donner l'assaut. L'avant-garde des lierres escalade les soubassements et les terrasses.

C'est une forteresse féodale dont l'enceinte dessine un vaste triangle. A la pointe se dresse une tour crénelée qui formait le donjon du château primitif. Le château même présente son immense façade entre deux grosses tours du côté de la rivière. L'autre façade qui regarde la cour a été refaite il y a une centaine d'années, sans nuire au caractère général des constructions. Quelques parties des défenses militaires du moyen âge ont disparu au cours des temps. Mais la grande porte du château, la porte du pont-levis, est encore debout.

L'apparition de ces bâtiments robustes et grandioses, avec leurs grandes murailles et leurs larges fossés, surgissant en pleine forêt est déjà singulièrement émouvante. Mais La Roche-Courbon n'est pas seulement un bel et pittoresque ouvrage d'architecture militaire. Ce château, comme tant d'autres châteaux de France, subit un jour la plus délicieuse des métamorphoses : la forteresse a été transformée en une maison de luxe et de plaisance. Le plus souvent, cette métamorphose s'est accomplie dès le temps de la Renaissance. Ici, elle date de la première moitié du XVIIe siècle, très probablement du règne de Louis XIII : nous en sommes là-dessus réduits aux conjectures, car on ignore tout de l'histoire de La Roche-Courbon, mais la physionomie des constructions que l'on fit alors pour la parure du vieux château ne permet pas de se tromper.

En ce temps-là un seigneur de la Roche-Courbon s'avisa d'embellir la caserne fortifiée où avaient vécu ses ancêtres. Comme, depuis un siècle, il n'était château que ses maîtres n'eussent reconstruit, décoré et accommodé au goût du temps, ce gentilhomme se piqua d'honneur. J'imagine que nous n'avons plus aujourd'hui sous les yeux tous les ouvrages qu'il fit alors exécuter; mais ce qu'il en reste suffit à donner une grâce noble et exquise à l'antique forteresse. Son premier soin fut d'ouvrir des fenêtres sur toute l'antique façade et la lumière pénétra dans les intérieurs. La mode était aux balustrades, on en mit partout. De gros balustres de pierre carrés ornent le bel escalier qui descend au jardin dessiné entre le château et la rivière; les mêmes garnissent un grand balcon construit au premier étage au-dessus d'une charmante galerie dont les voûtes en anse de panier reposent sur de fines colonnes doriques; les mêmes suivent les contours d'une étroite terrasse tracée au pied des bâtiments, et nous les retrouvons encore sur le pont de pierre qui a remplacé le pont-levis d'autrefois. En dehors de l'enceinte du château, cet homme de goût créa une vaste esplanade soutenue par une haute muraille au-dessus du cours de la rivière; des balustrades enferment cette superbe terrasse, aux angles de laquelle s'élèvent deux adorables pavillons coiffés d'ardoises, miracles d'élégance. A l'entrée du château, il fit bâtir une porte où sont sculptés deux lions presque assyriens.

S'est-il contenté d'embellir les dehors de sa maison? La mort est-elle venue interrompre son ouvrage? A l'intérieur une seule pièce montre les restes d'une décoration à peu près contemporaine des grands travaux accomplis à l'extérieur. C'est un cabinet qui, dit-on, servit de salle de bain. On y voit des peintures et des encadrements sculptés en plein bois, figurant de lourdes guirlandes de fleurs et de fruits. Le plafond est formé de plusieurs médaillons qui ne paraissent point l'œuvre d'un même artiste. Peut-être pourrait-on supposer, — ce serait, du reste, simple jeu d'imagination, — qu'un La Roche-Courbon ayant rapporté de quelque voyage en Italie la toile qui occupe le milieu du plafond et semble d'un peintre bolonais, fit exécuter les autres peintures pour accompagner celle-ci. Les murs de cette pièce sont revêtus de lambris où sont représentés les travaux d'Hercule, des paysages classiques, des imitations de bas-reliefs en camaïeux. On m'a assuré qu'une inscription indiquait que cette décoration avait été achevée en 1663. A première vue, on la croirait plus ancienne; mais rien n'est plus hasardeux que de dater une œuvre d'après sa manière. Tout ce que l'on peut affirmer, c'est que l'ensemble de cette salle offre un assez beau modèle du style que l'on est convenu d'appeler le style Louis XIII...

Ce n'est point d'archéologie qu'il s'agit aujourd'hui ; ce ne sont point les antiquaires que nous implorons en faveur de la Roche-Courbon ; d'ailleurs ses vieilles pierres ne sont pas encore menacées. Ce qui est en péril, c'est le chef-d'œuvre que composent la forêt, les terrasses et le château, chef-d'œuvre que de longs siècles ont réalisé et que l'homme va peut-être anéantir à coups de hache. Chaque chêne est ici un monument vénérable qu'il serait sacrilège de ruiner. Chaque partie du domaine est un tableau qu'il serait impie de détruire.

*
* *

En deux mots, voici le pressant danger dont est menacée la Roche-Courbon : depuis plus d'un demi-siècle le domaine appartenait à un propriétaire qui jamais n'y avait pénétré et jamais ne s'en était occupé, laissant le château clos et permettant à la forêt de librement grandir ; maintenant, ce propriétaire est mort ; il a laissé huit héritiers dont aucun ne peut conserver une propriété aussi vaste ; la Roche-Courbon est donc à vendre. Or, déjà la « même bande noire »

FORÊT DE LA ROCHE-COURBON
Le ravin.

qui en ce moment dévaste les plus belles forêts de France, a fait savoir qu'elle était prête à l'acquérir, et elle ne dissimule pas son intention de raser les futaies et les massifs. Chênes verts et chênes rouvres, tout sera jeté par terre.

M. Pierre Loti s'est adressé à l'un des propriétaires actuels, qui, lui aussi, éprouve une profonde tristesse à la pensée que tant de beautés pourraient disparaître, il lui a demandé de différer un peu la vente dans l'espoir que surgira un acheteur moins barbare. Il a obtenu gain de cause. On surseoira quelques semaines encore.

Si nous étions un peuple civilisé, nos lois interdiraient d'aussi abominables destructions : quand une forêt comme celle de la Roche-Courbon serait exposée à périr, l'État interviendrait pour la sauvegarde du patrimoine national. Il y a un budget pour protéger les monuments de notre art et de notre histoire ; il y en a un autre pour enrichir les collections publiques. Pour sauver les arbres d'une antique forêt, point de ressources. Nous sommes insensibles aux splendeurs de la nature, et nous avons la naïveté de croire qu'il n'est au monde d'autre beauté que celle qu'on enferme dans des musées.

Il est inutile de s'adresser, comme on dit, aux « pouvoirs publics ». Ceux-ci assistent avec insouciance à l'anéantissement des plus admirables forêts ; ils ont négligé de rentrer en possession de l'ancienne forêt domaniale d'Amboise, et ces cinq mille hectares de bois vont être saccagés ; une partie de la forêt d'Eu sera demain dévastée; les montagnes du Cantal sont déboisées par des spéculateurs allemands. Et M. Pierre Loti nous donne cette invraisemblable nouvelle que, dans le pays basque, l'Académie des Sciences vient de faire raser tous les chênes d'une propriété qui lui avait été léguée, il y a sept ans! Nous n'avons rien à attendre des « pouvoirs publics ». Des hommes de bonne volonté s'évertuent aujourd'hui à secouer cette criminelle indifférence et il faut rendre justice aux méritoires efforts du Touring Club ; mais il est à craindre que, le jour où ces « pouvoirs publics » s'aviseront de faire respecter les forêts, il n'y aura plus un seul arbre à abattre, les temps prédits par Musset seront venus,

> Et le globe rasé, sans barbe ni cheveux,
> Comme un grand potiron roulera dans les cieux.

Un seul espoir nous reste de protéger la Roche-Courbon, c'est qu'il se présente un acheteur, ami des arbres et capable de goûter le charme de ce séjour merveilleux. Celui-là aurait la gloire d'avoir conservé à son pays un trésor inestimable et le bonheur d'habiter parmi des paysages sans pareils. Et peut-être, s'il faut tout dire, en faisant une bonne action n'aurait-il pas fait une mauvaise affaire? La propriété, si l'on réserve les parties intangibles de la vieille forêt, comporte encore des revenus importants; le château est dès maintenant habitable sans grandes réparations ; quelques pièces sont encore garnies d'un charmant mobilier du xviii° siècle. S'il aime la solitude et le silence, il les trouvera au milieu de ces bois admirables. S'il les redoute, son auto le transportera en trois quarts d'heure sur la plage de Royan. J'ai l'air, je le sais, de rédiger un prospectus ; mais c'est un ridicule que j'affronte volontiers, si je puis décider quelqu'un à sauver les chênaies de la Roche-Courbon.

S'il se trouve un homme de bien pour répondre à l'appel de M. Pierre Loti et déjouer les projets scélérats des abatteurs d'arbres, je lui adresserai seulement une prière, et lui dirai : « Vous avez fait pour votre nation plus qu'aucun des généreux Mécènes qui ont comblé le Louvre de leurs cadeaux. N'allez pas diminuer le prix de votre bienfait en retouchant si peu que ce soit l'ouvrage des siècles. Ne *restaurez* pas votre forêt, considérez que c'est une forêt, non un parc. Laissez pourrir et tomber les chênes qui ont achevé leur destinée ; laissez la source s'épandre sous les ramures ; laissez les lierres envelopper les piliers de la futaie ; laissez l'herbe croître dans les vieilles avenues. Si vous étiez tenté d'éclaircir les halliers, d'emprisonner les eaux, de débroussailler les sentiers, relisez la belle élégie de Pierre Loti qui vous inspira la pensée de devenir le maître de la Roche-Courbon ; vous devez au poète de respecter l'image qu'il a tracée et qui vous a séduit ; ne trahissez pas la confiance qu'il mit en vous. » [1]

[1]. Depuis que ces lignes ont été publiées, le château de la Roche-Courbon est, après quelques vicissitudes, revenu aux mains de la famille qui le possédait en 1908. Les plus belles parties du domaine sont demeurées intactes... jusqu'à présent.

INDEX DES LIEUX CITÉS

DANS CET OUVRAGE

Ancenis, 91, 100.
Angers, 101.

Bodegat, 32, **36-39**, 43.
Bovidit, 43.
Brouage, **192-210**, 211, 215-249.
Buron (château de) **32-35**, 42, 55.

Cancale, 87.
Carhaix, 65, **78-83**, 84.
Châteaulin, 76.
Châtelet (château du), **51-55**.
Coulonges-sur-Autize (château de), 131.
Coursay (prieuré de), 146.

Dinan, 23.

Esnandes, 168.

Fontenay-le-Comte: **121-137**, 138, 139, 142.
Fougères, 63.

Gouezec, 76.
Gourlizon, 40.
Guérande, 87.

Helen, 40.
Huelgoat, **85-87**.

Josselin, 39.

Kerancelin, 40.
Kerbonnevez, 40.
Kerjean (château de), **3-18**.

La Feuillée, 87.
Landremelle, 76.
Laniron (château de), 41.
Lanros, 40, 41.
La Pallice, 170.
La Roche-Courbon (château de), **260-274**.
La Rochelle, 138, **155-191**, 199, 200, 201, 202, 209, 211, 213, 214, 215, 216, 217, 218, 248, 249, 250, 251.
La Seilleraye (château de), **68-75**.
La Trinité-Porhoët, **36-38**.
Lestremeur, **42-43**.
Loudéac, 32.
Luçon, **138-151**.
Lyré, **91-100**.

Maillezais, 138.
Malicorne (château de), 64.
Moëze, 192-194.
Mohon, 32, 38, 39.
Morlaix, 23, 64.

Nantes, 21, 23, 32, 33, 34, 62, 68, 69, 70, 100, 101.
Nétumières (château des), 54.

Pennenen, 40.
Perennou (château de), 42.
Plessis-Argentré (château du), 51, 55.
Ploërmel, 32.
Poitiers, 128, 129, 137, 150.
Poullaouen, 86.

Quimper, 17, 40, 41, 65.
Quimperlé, 40.

Rennes, 19, 26, 50, 60, 62, 63.

Rochefort, 192, 260, 262.
Rochers (château des), 27, **43-47**, 48, 49, 50, 51, 52, 55, 56, 57, 58, 59, 60, 62, 63, 64, 68.

Saint-Brieuc, 198.
Saint-Florent-le-Vieil, **98-99.**
Saint-Georges-sur-Loire, 116.
Saint-Goulitz, 76.
Saint-Malo, 62.
Saint-Pol de Léon, 3.
Saint-Porchaire, 262.
Saint-Vougay, 5.
Saintes, 248, **252-259**, 260.
Serrant (château de), **101-121.**
Soubise, 192.

Turmelière (château de la), **92-93**, 96, 97, 100.

Vitré, 27, 32, **48-51**, 52, 53.

TABLE DES GRAVURES

I.	Chateau de Kerjean. . . . . Frontispice.	
II.	Hotel de Ville de Rennes. — Monument de Louis XV détruit par la Révolution. . . .	19
III.	Hotel de Ville de Rennes. — Monument de la Réunion de la Bretagne a la France. . .	23
IV.	Charles de Sévigné.	27
V.	Manoir de Lestremeur	37
VI.	Chateau des Rochers.	43
VII.	Les Rochers. — Fenêtre de la chambre de Mme de Sévigné.	47
VIII.	Les Rochers. — Chambre et portrait de Mme de Sévigné.	59
IX.	Nantes au xviie siècle.	69
X.	Escalier du chateau de la Seilleraye	73
XI.	Route de Carhaix au Huelgoat	81
XII.	Joachim du Bellay	91
XIII.	Chateau de Serrant	101
XIV.	Tombeau du marquis de Vaubrun	111
XV.	Fontenay-le-Comte. — Chateau de Terre-Neuve.	121
XVI.	Nicolas Rapin	129
XVII.	Luçon. — L'évêché et la cathédrale.	139
XVIII.	Portrait de Richelieu	147

XIX.	Entrée du Port de La Rochelle.	155
XX.	Choderlos de Laclos	165
XXI.	Le Port de La Rochelle	171
XXII.	Remparts de La Rochelle.	185
XXIII.	Monument de Moëze	193
XXIV.	Brouage.	199
XXV.	Marie de Mancini.	207
XXVI.	Le Siège de La Rochelle, par Callot	211
XXVII.	Combat naval, par Callot	221
XXVIII.	Combat naval, par Callot	239
XXIX.	Saintes. — Les Arènes	253
XXX.	Chateau de La Roche-Courbon.	261
XXXI.	Forêt de la Roche-Courbon	271

TABLE DES MATIÈRES

BRETAGNE

I.	— Le château de Kerjean	3
II.	— Le monument de la réunion de la Bretagne à la France.	19
III.	— Mme de Sévigné en Bretagne.	27
	I. — Les terres des Sévigné en Bretagne . .	29
	II. — Les amis et les voisins de Mme de Sévigné	47
	III. — Mme de Sévigné et les Bretons.	60
	IV. — Mme de Sévigné à la Seilleraye	68
IV.	— En Basse-Bretagne. — Notes de Promenade . .	76

ANJOU

I.	— Le « petit Lyré » de Joachim du Bellay	91
II.	— Serrant.	101

POITOU

I.	— Fontenay-le-Comte.	121
II.	— Luçon	138

AUNIS ET SAINTONGE

I.	— La Rochelle	155
II.	— Brouage	192
III.	— La vie et les aventures de Nicolas Gargot	211
IV.	— Saintes	252
V.	— La Roche-Courbon	260
Index des lieux cités.		275
Table des gravures.		277

ÉVREUX, IMPRIMERIE CHARLES HÉRISSEY

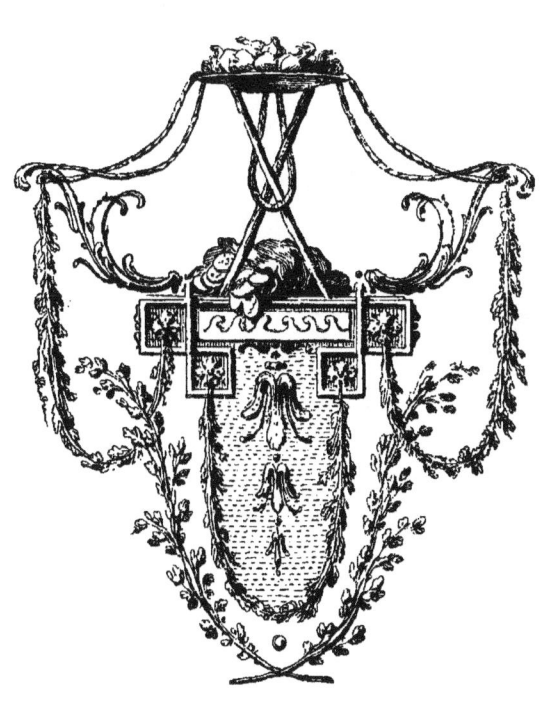

www.ingramcontent.com/pod-product-compliance
Lightning Source LLC
Chambersburg PA
CBHW071339150426
43191CB00007B/790